법률 영어 길잡이
-Legal English Guide-

최민용·Troy C. Fuhriman

도서출판 유 로

머리말

법률 영어, 넌 왜 이렇게 어려운 거니

남의 나라 말은 정말 어렵다. 어떤 법칙을 이해해서 터득했는지, 어떤 방법으로 이 다양한 표현들은 익혔는지 기억조차 나지 않는 한국어는 우리가 지금까지 살아오면서 자연스럽게 우리 자신의 일부가 되었다. 그러나 외국어는 낱낱의 단어, 문장의 법칙, 정확한 표현, 악센트, 인토네이션까지 시간을 들이고 반복해서 익혀야 하는 그야말로 "작위적인" 성취를 요한다.

우리가 살아가는 나날의 일상에는 늘 새로운 순간이 있다. 이때 우리는 미리 준비하거나 배우지 않은 상황에서도 적절한 소통(communication)을 하면서 살아간다. 모국어로 소통을 하는 때라면 이런 상황이 특별히 어려울 게 없다. 그러나 외국어로 대화를 하는 상황이라면 문제는 완전히 달라진다. 그 상황에 적당한 말같이 생각되는 표현도 언뜻 사용할 수가 없다. 과연 그 나라 사람들도 그와 같은 표현을 사용하는지 알거나 확신할 수 없기 때문이다. 이처럼 모국어가 아닌 말은 단어와 표현이 어떤 상황에서 어떻게 쓰이는지를 "학습"하지 않고서는 자유롭게 그를 통해 소통을 할 수 없다. 이 얼마나 큰 제약인가?

소통의 내용이 일상적인 회화라면 어려움은 그나마 덜하다. 법률 영역에서 의사소통을 하여야 하는 경우라면 그야말로 난공불락이다. 영어 사전도 별다른 도움이 되지 않는다. 우리의 말도 일반인들은 이해하기 어려운 법률가들의 표현들이 있다. "공서양속", "신의칙", "(주장이나 항변에) 기하여" 등과 같은 표현들이 그러하다. 같은 이유로 영어의 원어민도 법률 영어(legal English)를 이해하기 어려워한다.

이처럼 법률 영어가 어려운 데는 몇 가지 이유가 있다. 어원이 라틴어인 경우가 많고, 일상적으로 사용되지 않는 일군의 법률 용어(legal terminology, legal jargon)가 있을 뿐만 아니라 더러는 일상적으로 사용되는 단어가 다른 의미로 사용되기도 한다. 일반인의 언어 감각과 다소 괴리가 있는 표현을 사용함으로 인하여 전문성을 확보하고자 하는 법률가들의 의도적인 사용도 한 몫 하였을 듯하다.

영어 교육이 전 국민적 과제가 되어 버린 사회에 살면서도 법 전공자들의 영어 능력은 대등한 학력자의 평균적 능력에 훨씬 미치지 못하는 것 같다. 전공법의 부담이 크다 보니, 상대적으로 많은 시간을 영어 공부에 할애하지 못한 이유도 있을 것이다. 그렇지만 변호사의 업무를 수행하다 보면 뜻밖에 준비되지 않은 법률 영어로 일을 하여야 할 경우를 만나게 된다. 그럼에도 불구하고 마땅한 참고서를 찾기가 쉽지 않다. 결국 여러 영문의 계약서 등의 문서를 검토하면서 업무 능력을 향상시킬 수밖에 없을 것인데, 이 책은 이러한 때 참고서적의 역할을 할 수 있기를 바라는 마음으로 작성되었다. 이 때문에 영어를 사용하여 수행하는 업무에서 가장 빈번히 등장하는 M&A와 기업금융의 내용을 주로 담게 되었다.

국제화된 시대의 역량 있는 법조인이 되기 위하여 예비 법조인 또는 법조인이 쏟아 부을 많은 시간과 노력 앞에 이 책이 작은 길잡이가 되기를 바란다.

차례

Chapter 1 글을 시작하면서

- ① 변호사의 업무와 법률 영어 ... 13
- ② 회사법과 자본시장법 ... 13

Chapter 2 M&A

I. 의미 ... 19
II. 방법 ... 20
- ① 합병(Merger) ... 20
- ② 영업양도(Business Transfer) ... 21
- ③ 자산양도 방식(Asset Transfer) ... 22
- ④ 주식 양도 거래(Stock Transfer) ... 22
- ⑤ 의결권대리행사의 권유(Proxy Solicitation) ... 23
- ⑥ 한국 M&A의 현실 ... 24

III. 단계 ... 26

Chapter 3 NDAs, LOIs, MOUs & Term Sheets

- ① 본격적 계약 이전의 약정 ... 29
- ② 비밀유지약정(NDA) ... 29
  1. 일반 ... 29
  2. 개념 ... 30
  3. 관리 규정(Operative Provisions) ... 35
- ③ 인수의향서(LOIs), 양해각서(MOUs)와 Term Sheets ... 44
  1. 일반론 ... 44

2. 전형적 조항	44
3. 구속적/비구속적 약정의 구분	45

Chapter 4 실사(Due-diligence)

1 필요성 그리고 중요성	49
2 상당한 주의의 항변(Due-diligence Defense)	50
3 실사의 방법과 과정	52
1. 실사 범위의 책정	52
2. Checklists의 작성과 이용	53
3. 초록, 차트, Summaries	55
4. 실사 보고서(Due-diligence Report)	55
5. 개시 목록(Disclosure Schedules)	56
4 구체적 내용	57
1. 회사일반(Corporate General Matters)	57
2. 주식이나 경영권 인수 제한에 관한 사항(Prior Approvals and Consents)	58
3. 회사의 재산에 관한 사항(Corporate Assets & Liabilities)	59
4. 우발채무(Contingent Liabilities)	61
5. 채무(Debt)	61
6. 세금(Tax)	62
7. 영업 및 계약에 관한 사항(Vendor and Contract Matters)	62
8. 근로 관계(Employment Relationship)	62
9. 환경 및 안전(Environment and Safety)	65
10. 분쟁(Legal Disputes)	65
11. 보험(Insurance Matters)	66
5 진술 및 보장(Representations and Warranties)	66

Chapter 5 M&A 계약서

I. 중요성	69
II. 구성	71
1 Whereas Clause	71
2 정의(Definitions)	71

③ 목적물과 대금(Purchase and Sale) 73
④ 진술 및 보장(Representations and Warranties) 74
⑤ 약정(Covenants) 74
   1. 영업양도의 경우 74
   2. 주식양도-경영권의 이전 절차 83
⑥ 관리 규정(Operative Provisions) 85
⑦ 종결 조건(Closing Condition) 86
⑧ 면책(Indemnification) 89
⑨ 권리 구제(Remedies) 101

Chapter 6 진술 및 보장 조항

I. 의미와 기능 105
II. 진술 및 보장 조항에 대한 협상 107
III. 구체적 조항 109
  ① 존속기간 109
  ② 매도인에 관한 사항 110
    1. 계약체결능력 110
    2. 주식에 관한 사항 110
    3. 정부의 인허가, 법률, 정관, 계약 등의 위반 여부 112
  ③ 대상회사에 관한 사항 112
    1. 회사의 조직 112
    2. 회사의 자본구조 113
    3. 자회사 114
    4. 재무제표 및 재무제표 작성일 이후 회사 상황의 변경 116
    5. 자산 122
    6. 계약 123
    7. 법률 준수 및 정부 인허가 125
    8. 환경 129
    9. 노사 129
    10. 분쟁 131
    11. 특수관계인 또는 특별관계인과의 거래 132
    12. 세금 133
    13. 실사와 진술 및 보장 134

3 양수인의 진술 보장   135

Chapter 7 신디케이티드 론(Syndicated Loan)

I. 기업의 자금 조달(Raising Funds)   139
II. 신디케이티드 론(Syndicated Loan) 일반   141
  1 특징   141
  2 절차   142
  3 서류의 작성(Documentation)   143
    1. Offer Letter   143
    2. Information Memorandum(투자 안내서)   144
    3. Loan Agreement(대출 계약서)   144
III. 계약의 주요 조항   145
  1 기본적인 사항   145
    1. 대주 은행 의무의 성격   145
    2. 주간사 은행과 다른 참여 은행의 관계   146
    3. 이자율   147
    4. 수수료   148
    5. 비용   150
    6. Tax Gross-up 조항   152
    7. Market Disaster 조항   153
    8. 증가비용 부담 조항   154
  2 대출의 선행조건   157
  3 진술 및 보장   161
    1. 적법한 설립, 계약의 승인, 계약의 유효성   161
    2. 대출 채권의 순위   162
    3. 대주 행위의 특징을 확인   163
    4. 준거법   163
    5. 법규 등의 위반이 없음   165
    6. 채무 불이행이 없음   165
    7. 법률적 분쟁이 없음   166
    8. 진술 및 보장의 효력   167

4 차주의 약정 — 167
　1. 재무 관련 정보 제공 — 167
　2. 채무의 동순위 — 168
　3. 담보제공금지약정 — 168
　4. 자산의 처분 등 중요한 처분의 제한 — 172
　5. 법규의 준수 — 173
　6. 채무불이행 — 174

Chapter 8　직접 금융

I. 증권의 발행 — 185
　1 직접 금융(Direct Financing) — 185
　2 공시주의(Disclosure System) — 186
　3 10b-5 opinion — 187

II. 해외 증권의 발행 — 189
　1 분류 — 189
　2 발행 당사자 — 190
　3 관련 문서 — 190
　　1. 투자설명서(Offering Circular, Prospectus), 예비투자설명서(Preliminary Offering Circular, Red Herring) — 193
　　2. 인수계약서(Subscription Agreement) — 193
　　3. 사채(Note) — 195
　　4. 신탁계약(Trust Deed) — 202
　　5. 재무대리인계약서(Fiscal Agency Agreement) — 202
　　6. 대리은행계약서(Agent Bank Agreement) — 202
　　7. 기타 — 202
　4 업무 절차 — 203

Chapter 9　법률 의견서(Legal Opinion Letters)

I. 법률 의견서 일반 — 207
II. 의견서의 구조 — 208
　1 일반 — 208

- 2 도입부 … 208
- 3 검토한 사항 … 209
- 4 가정(Assumptions) … 211
- 5 의견 … 216
- 6 전제 조건(Qualifications) … 221
  - 1. 인식(Knowledge) … 222
  - 2. 검토(Investigation and Review) … 222
  - 3. 계쟁물(Subject Matter) … 223
  - 4. 법률 관할(Legal Jurisdiction) … 223
  - 5. 집행가능성(Enforceability) … 224
  - 6. 시간상의 제약(Timeframe) … 225
- 7 제한(Limitations) … 225

Chapter 10 E-mail & Telephone Communication

I. E-mail Communication … 228
- 1 유용성과 어려움 … 228
- 2 주의할 사항 … 228
  - 1. 제목쓰기 … 228
  - 2. 호칭 … 229
  - 3. 내용 … 229
- 3 일반적 소통 … 229
- 4 서류 송부시의 문언(Transmittal) … 232
- 5 협상(Negociation) … 234
- 6 논쟁(Disputes) … 235
- 7 고객과의 소통(Client Communications) … 237

II. Telephone Communication … 240
- 1 유의점 … 240
- 2 구체적 표현 … 240

* 자주 사용되는 라틴어, 불어 배경의 표현 … 244
* Glossary … 245

참고문헌 • 260

글을 시작하면서

1 변호사의 업무와 법률 영어

변호사가 업무를 위하여 법률 영어를 사용하여야 하는 때는 고객(client)이 의뢰하여 온 업무가 영문을 사용하여야 하는 경우로서 문제되는 법률관계에 영어를 사용하는 당사자(party)나 관계인이 있거나, 그에 적용되는 법률인 준거법(Governing Law)이 영미법인 경우이다.

변호사의 업무를 법원에서 소송을 수행하는 송무(litigation)와 기타의 업무인 법무로 나눈다고 할 때, 송무 업무에서는 영어를 사용하는 경우가 드물다. 반면, 계약서의 작성 등의 업무가 주를 이루는 법무의 경우는 변호사가 법률 영어에 노출되는 경우가 상대적으로 빈번하다고 할 수 있다. 특히 M&A나 외국인 투자자에게 증권을 발행하는 해외 증권발행의 업무가 그러하다. 기업 사이의 인수 합병 거래인 M&A는 회사법의 분류에 따를 때 기업지배구조 영역에, 해외 증권발행의 업무는 기업금융 영역에 해당한다. 따라서 이러한 업무를 수행하는 변호사로서는 회사법과 자본시장법[1]을 숙지할 필요가 있다.

이 책은 이러한 내용을 주로 담고 있다.

거래의 준거법이 영미법인 경우에도 이러한 거래들에 적용되는 영미법의 내용이 국내법과 유사하다. 이 국제적 거래들에 적용되는 규제는 국제 거래의 탈 국경화, 국제화 등의 영향으로 규제들이 더욱 정합성을 보이고 있다.

2 회사법과 자본시장법

회사법은 회사의 조직과 활동에 관한 법으로, 개인이 영업을 영위하여 회사를 설립하여 상거래를 영위할 때에 적용되는 법이다.

회사법은 기업지배구조(Corporate Governance)와 기업금융(Corporate Finance)

---

[1] 정식 명칭은 "자본시장과 금융투자업"에 관한 법률이다.

의 영역으로 나뉜다. 개인과 같은 단일한 주체가 상거래를 위한 법률행위를 하는 경우와 달리 회사가 주체가 되는 때에는 회사라는 기관 안에 존재하는 여러 기관들 중 어떤 기관이 어떠한 절차를 거쳐 법률행위를 하는가의 문제가 생겨난다.

주식회사 안에는 이사회(Board of Directors), 주주총회(Shareholders' meeting)와 대표이사(representative director)의 기관이 있는데, 회사가 영위하는 각종의 행위를 이 중 어떠한 주체가 어떤 절차를 거쳐야 적법한 행위가 되는가의 문제이다.

이처럼 각 기관들에게 권한을 어떻게 배분할 것인가는 각 나라의 회사법이 정책적 결정을 내릴 문제인데, 현대의 각국 회사법은 이사회가 대부분의 권한을 갖고 회사의 의사결정을 내리도록 하고 있다.

여러 행위 중 회사에 근본적 변화(fundamental change)를 초래하거나 주주의 이해관계에 중대하게 영향을 미칠 행위에 대해서는 예외적으로 주주총회의 승인을 얻어야 하는데, 주주총회의 권한은 이처럼 일정 범위에 국한된다. 한편 대표이사는 이사회의 결의를 거쳐야 할 정도로 중요성을 띠지 않는 일상적 업무(day-to-day operation)를 전권으로 수행할 수 있다.

기업지배구조가 이러한 문제를 다루는데 반하여, 기업금융은 기업이 사업을 영위하면서 소요되는 돈을 어떻게 마련할 것인가의 문제가 중심이다. 기본적으로 주식(shares)을 발행하거나 사채(corporate bond)를 발행하는 방법으로 자금을 조달할 수 있는데, 최근에는 이 양자의 중간적 성격을 띤 다양한 증권의 발행이 장려되고 있다.

한편, 우리 주변에서 두각을 나타내는 규모가 큰 회사들은 기업의 운용자금을 증권시장에서 조달한다. 자본시장법은 이러한 자금의 수요와 공급이 만나는 증권시장(securities market)을 규율하는 법이다.[2]

주식회사가 규모가 커질수록 자금 수요가 증가하고 막대한 자금의 수요를 일개인이 감당할 수 없다. 기업을 운영하는 주체는 부득이하게 그 자신이 알지 못하는 사람으로부터 자금을 조달하여야 하게 되는데, 이처럼 불특정 다수인에게 증권을 발행하는 방법으로 자금을 조달하는 것을 공모(Public Offering)이라 한다. 공모를 통하여 자금을 조달한다는 것 자체는 기업의 소유주가 곧 운용자가 되는 구조로부

---

[2] 물론 자본시장법의 범위는 이보다 더 넓다.

터의 결별을 의미한다. 현대 회사법의 소유와 경영의 분리(management separation from ownership)는 바로 이러한 이유 때문이다.

공모는 이처럼 투자 다중을 대상으로 하여 자금 조달을 위한 증권의 인수(subscription)나 매수(purchase), 그 청약(offer)의 권유(solicitation)를 하는 행위이므로, 투자자는 증권을 인수하거나 매수하여 회사에 투자할 것인지 여부의 의사결정을 하여야 한다. 그러나 투자자는 회사의 내부자(insider)가 아니므로 회사의 사정을 잘 알지 못하고, 이처럼 회사에 대하여 무지한 상황에서는 현명한 투자판단(prudent investment decision)을 내릴 수 없다. 바로 이 때문에 다수의 투자자를 대상으로 청약의 권유를 할 때에는 증권의 발행인(issuer)인 회사가 투자판단에 필요한 중요한(material) 정보를 투자자에게 알려야 한다는 공시주의(disclosure system)가 탄생하게 된다.

공시주의는 발행인 회사가 회사에 대한 중요한 정보를 담은 증권신고서(Registration Statement)를 금융위원회에 신고(filing)하고, 역시 그러한 정보를 담은 투자설명서(Prospectus, Offering Circular)를 투자자에게 교부(delivery)하여야 한다는 내용을 그 주요 골자로 한다.

M & A

I. 의미

M&A란 합병을 나타내는 "merger"와 (기업의) 인수를 의미하는 "acquisition"이 합하여진 말이다. 법률용어는 아니지만, 법률 영역에서 일반적으로 통용되는 말이 되었다.

M&A는 적대적 인수합병(hostile M&A)와 우호적 인수합병(friendly M&A)으로 나누어 볼 수 있는데, 이때 적대적인가 우호적인가의 기준은 대상회사(target company)의 경영진에 대한 태도이다. 간략히 말해, 인수회사가 대상회사를 인수합병한 후 대상회사의 경영진을 교체할 예정인가에 따른 분류이다.

적대적 인수합병의 경우 기존 회사의 경영진은 자신의 지위에 위협을 느끼고 그 지위를 지키기 위하여 각종의 방어행위(defense)를 하게 된다. 제3자에 대한 신주의 발행, 자기주식 취득 등의 방법이 사용되는데, 어떠한 방법을 어느 정도로 사용하도록 법이 허용하고 있는지 그 범위에 대하여 의견의 대립이 있다.

한편, 이러한 방어행위에 소요되는 비용은 회사의 부담이 되는데, 이처럼 경영진이 그 자신의 지위를 지켜내기 위하여 회사의 비용을 사용하는 것이 이사의 선량한 관리자의 주의의무(Fiduciary Duty) 위반인가의 쟁점이 있다. 이사가 선량한 관리자의 주의의무 위반을 원인으로 제소될 경우, 그 이사는 자신의 방어행위가 경영판단의 법칙(Business Judgment Rule)에 의해 보호된다는 항변을 한다. 경영판단의 법칙은 아직 우리 법에 도입되지 않았지만, 판례가 이 항변을 이미 받아들이고 있다. 따라서 방어행위를 하는 이사에게 법률적 조언을 할 때는, 그 방법이 법률적으로 허용되는 것인지, 경영판단의 법칙에 의하여 보호를 받기 위해서는 어떠한 요건을 갖추어야 하는지를 제시해 주어야 한다.

II. 방법

M&A의 방법을 구체적으로 살펴보면, 합병, 영업양도, 주식의 취득, 자산인수(P&A 방식) 등이 있다. 기업을 인수하고자 하는 주체는 이 방법 중 어떤 방법을 선택하게 되는데, 선택에 있어서는 각 방법의 장점과 단점을 비교하여야 한다. 합병과 영업양도, 자산양수도의 경우 대상회사의 이사회의 승인을 얻어야 하므로, 적대적 인수합병의 방법으로는 사용되지 않는다.

1 합병(Merger)

우선 합병은 법률의 규정에 따라 피인수회사의 권리, 의무가 포괄적으로 인수회사에게 승계되는 것이다. 이처럼 권리와 의무가 법률의 규정 자체에 의하여 이전되므로 인수회사는 피인수회사의 자산(asset), 권리, 부채(debt) 등을 개별적으로 이전할 필요가 없다. 따라서 부동산에 대한 이전등기, 동산의 점유(possession) 이전, 채권양도의 통지(perfection), 채무의 인수(assumption) 등의 개별 절차를 거치지 않아도 된다. 개별 자산이나 권리에 대한 이전 비용을 Save할 수 있다는 것은 합병의 큰 장점이다.

그러나 이처럼 합병으로 인하여 마치 상속이 일어난 것처럼 권리와 의무가 포괄적으로 승계되므로, 우발채무(Contingent Liability)[3]나, 기존의 근로관계 역시 포괄

---

[3] 현실적으로 존재하는 채무는 아니지만, 장래에 우발적인 사태가 발생할 경우 확정채무가 될 가능성이 있는 특수한 성질의 채무를 일컫는다. 우발채무는 현실적으로는 미확정되어 있다 하더라도 회계상 채무로 인정되기 위해서는 부채 또는 어떠한 재산상의 손실이 추정될 수 있는 객관적 조건이 충족되어야 한다. 종래에는 이 채무가 권리의무에 대하여 현실적으로 변동을 가져오지 않고 소유권에 대한 변동도 가져오지 않으므로 회계대상이 되지 않는 것으로 보았으나, 재무의 건전성을 판단하는 입장에서는 이를 확실히 하여 둘 필요성이 있고, 채권자나 투자자

적으로 승계되므로 인수인이 원하지 않는 우발채무나 근로관계를 선별적으로 제외할 수는 없다.

합병은 회사의 근본적인 변화를 의미하므로, 주주총회의 특별결의(Special shareholders' meeting approval)를 얻어야 한다. 또한 합병에 반대하는 주주들이 회사에 대하여 주식매수청구권(Dissenting Shareholders' Appraisal right)을 가지므로, 이러한 권리 행사에 응하여 지급하여야 하는 대금이 인수 회사의 비용부담이 된다.

2 영업양도(Business Transfer)

영업양도는 유기적, 조직적 일체로서의 영업을 이전하는 계약이다. 채권계약이므로, 영업을 구성하는 개별 자산, 권리 등을 일일이 이전하여야 하는 부담이 있다. 부동산에 대한 이전등기, 동산 점유의 이전, 채권 양도 통지, 각종 권리의 이전 등록 등의 절차적, 비용적 부담이 인수인에게는 단점으로 작용한다. 기존의 근로관계 역시 영업권의 조직적 일부를 구성하는 것이 일반적이므로 이전의 대상이 된다.

영업을 양도하는 것 역시 양도 회사에게는 근원적 변화를 초래하므로, 양도 회사는 주주총회의 특별결의를 얻어야 하고, 양도에 반대하여 주식매수를 청구한 주주에게 주식매매대금을 지급하여야 한다.

합병과 같이 권리가 포괄적으로 승계되는 거래가 아니므로 우발채무가 자동적으로 승계되지는 않는다. 따라서 거래 전에 우발채무를 발견하고 거래에서 제외하는 작업이 매우 중요하다.

등 이해관계인은 회사의 재정 상태에 대하여 이해관계를 가지고 있는 점 등이 반영되어 현재는 대자대조표에 각주나 대차계정 등의 형식으로 이를 표시하는 것이 일반화되었다.

3 자산양도 방식(Asset Transfer)

자산양도 방식은 실사(due-diligence)를 거쳐 우량한 자산과 부채만을 선별적으로 이전하는 방식이다. 영업양도와 같이 포괄적으로 영업을 양수하지 않고 구체적으로 열거한 자산과 부채만을 이전하는 이 방식은 "Asset Transfer Agreement" 또는 "Asset Purchase Agreement"에 의하여 계약이 체결된다. 영업양도와 자산양도의 법률적인 차이는 고용승계의무, 경업금지 등이다. 영업양도는 양수인이 고용을 승계하여야 하고, 원칙적으로 영업양도인은 경업금지의무를 부담하지만 자산양도는 이러한 제한이 없다.

영문계약의 경우, 영업양도를 따로 구분하지 않고 영업양도와 자산양도를 모두 "Asset Purchase Agreement"라 한다. 부실금융기관의 정리방법 중 하나로 불량은행의 채권, 채무만을 우량 은행에 이전하고 고용승계없이 부실금융기관을 정리하는 자산부채이전방식(Purchase of Asset & Assumption of Liabilities, 이른바 "P&A 방식") 역시 자산양도 방식의 거래에 포함된다.

이처럼 "Asset Purchase Agreement"는 한국법상 영업양도처럼 고용승계를 포함하는 경우와 그렇지 않은 경우 모두를 포함하고, 경업금지 조항이 포함되거나 그렇지 않을 수도 있다. 그러므로 "Asset Purchase Agreement" 제하의 계약이 영업양도에 해당하는지, 자산양도에 해당하는지는 계약의 제목이 아니라 내용을 검토하여 판단하여야 한다.

4 주식 양도 거래(Stock Transfer)

주식을 취득하는 거래는 경영권을 이전할 수 있을 정도의 다량의 주식을 양수하는 방법에 의한다. 이 방법은 위 합병이나 자산양도방식과 비교할 때 보다 간단하다는 것이 그 장점이다. 주식 양도 거래에 의하여 취득 회사는 대상 회사의 주주로부터 주식을 취득하여 주주가 되는 것이고, 이는 기본적으로 주주들 간의 개별적 거래일 뿐 대상 회사 자체에는 아무런 변동이 없기 때문이다. 영업양도에서처럼 개별 자산과 채무를 낱낱이 이전하여야하는 추가적 절차도 필요가 없다.

반면, 이 방법의 단점은 양수인은 대상 회사의 주주로서 그 채무를 전부 인수한다는 단점이 있다. 때문에 양수인은 양수 당시 공개하지 않은 채무로부터 면책되도록 하는 면책 조항(Indemnification)을 두어 스스로를 방어한다.

주권상장법인의 주식을 장외에서 불특정 다수인에게 청약의 권유를 하여 취득하는 경우는 자본시장법상 공개매수(Tender Offer)에 해당되어 공개매수에 관한 규제를 준수하여야 한다. 이때에는 개별 주주들로부터 주식을 인수하는 것이므로, 대상회사 경영진의 동의가 없이도 가능하다. 그러나 공개매수에 해당할 경우 관련 규정을 준수하여야 하는 비용이 든다. 공개매수의 방법 이외에도 다량의 주식을 보유한 대주주 또는 지배주주로부터 개별적 약정에 의하여 주식을 인수하는 방법이 있다. 어떤 방법을 취하건 인수에 성공하기 위해서는 고액의 프리미엄을 주주에게 지급하여야 되므로, 비용의 부담이 있다.

5 의결권대리행사의 권유(Proxy Solicitation)

적대적 인수합병은 기존 경영진의 교체를 목표로 하므로, 주주총회에서 기존 경영진 해임 및 새로운 경영진의 선임이 되어야 뜻을 성취하게 된다. 해임과 선임의 의결은 각 주주가 의결권을 행사한 결과로 정해지므로, 결국은 얼마나 많은 의결권이 결집되는가가 관건이다. 이를 위하여 앞서 살펴본 것처럼, 경영진 교체를 통한 적대적 M&A의 뜻을 세운 인수자가 직접 다량의 주식을 매집하는 방법을 사용할 수도 있지만, 주주의 의결권은 대리행사(proxy voting)할 수 있으므로, 개별 주주들로부터 의결권을 위임받아 행사하는 것도 그 하나의 방법이 된다. 주식을 매수하는 방법과 비교할 때 이 방법은 비용이 적게 드는 장점이 있다. 더군다나 경영권을 취득할 정도의 주식 취득에는 다액의 경영권 프리미엄이 수반되므로 더욱 그러하다. 이처럼 주주총회에서 다수의 의결권을 확보할 목적으로 다른 주주들에게 의결권 행사를 위임하여 줄 것을 권유하는 것을 의결권대리행사의 권유라 한다. 경영권을 두고 치열한 다툼을 벌이는 적대적 M&A의 국면에서는 인수자뿐만 아니라 회사도 의결권대리행사 권유를 통하여 표 대결을 하게 되는데, 이처럼 복수의 주체가 대리행사를 권유하는 것을 위임장 경쟁(Proxy Contest)라 한다.

상장주권의 의결권대리행사를 권유하는 경우 권유자는 피권유자에게 법이 정하는 위임장 용지(Proxy Card)를 교부하고, 일정한 내용을 기재한 참고서류(Proxy Statement)를 교부하여야 한다.

6 한국 M&A의 현실

M&A의 각 다양한 방법과 그를 둘러싼 복합적인 쟁점들이 많이 논의되고 있다. 법률적 쟁점으로 따지자면 우호적 M&A 보다 적대적 M&A가 훨씬 더 많은 점들을 내포하고 있다.

기본적으로 관련 당사자 일방이 원하지 않는 거래를 수행하는 것이고, 적대적 M&A에 대항한 대상 회사의 경영진들의 방어행위가 회사의 이익을 위한 것이라 할 수 있는지의 의문을 자아내기 때문이다. 구체적으로 어떠한 방법까지가 법상 허용되고, 방어행위를 하는 것이 회사의 이익을 위하여 최선을 다하여야 하는 선량한 관리자의 주의의무에 위반되지 않는가의 쟁점이 산재한다. 이때 추구하여야 할 회사의 이익은 마땅히 주주 일반(shareholders general)을 의미하므로 의사결정을 담당하는 이사들이 주주들의 이익을 어떻게 보호하여야 하는가의 쟁점과도 연결된다. 따라서 학계에서는 이를 둘러싼 논의가 압도적으로 많다.

이에 반하여, 우리나라의 M&A 양상은 조금 독특하다. 우리의 경우 상장회사라 하더라도 지배주주(Controlling Shareholder)가 존재하므로, 주식의 소유가 잘 분산되지 않아, 상장기업의 상징적 징표라 할 수 있는 소유와 경영의 분리 현상을 보기 어렵다. 순환출자 등의 구조를 통해 많은 대규모 기업집단 계열 상장회사들은 총

수일가와 그 특수관계인이 회사 경영을 좌우할 정도의 지분율을 확보하고 있어서 시장에서의 매입 또는 위임장 경쟁을 통해서 경영권을 취득하기가 매우 어려운 구조이다.

 이 때문에, 대주주로부터 주식을 매수할 때 공개매수의 방법이 아니라 장외에서의 주식 매수 거래가 주종을 이룬다. 위 분류에 따를 때 주식 딜(Stock Deal)이 가장 빈번하다는 의미이다. 공개매수의 규제도 받지 않으면서, 높은 경영권 프리미엄을 지배주주 단독으로 향수할 수 있기 때문이다.

 또한 이처럼 지배주주가 존재하기 때문에 이들의 뜻을 거슬러 적대적 M&A를 성공시키는 것이 쉽지 않고, 따라서 우호적 M&A가 압도적으로 많다는 점이 특징적이라 할 수 있다.

III. 단계

적합한 대상기업이 선정되고, 인수에 필요한 자금 조달 방법이 정해지면 본격적 M&A 단계로 나아가게 된다. 이때 인수의향서(Letter of Intent)나 양해각서(Memorandum of Understanding), 비밀유지약정서(Non-Disclosure Agreement 또는 Confidentiality Agreement)를 작성한다.

이후 대상 기업을 평가하기 위한 실사(Due-diligence)를 수행하고, 경영권 이전을 위한 제반의 활동들을 하며, M&A 계약서를 작성한다.

이러한 전과정에 변호사가 관여하여 법률적 검토를 하고, 계약서를 작성하며, 쟁점을 해결하고 각 규제에 적합하도록 딜에 대한 전반적 조언을 한다.

NDAs, LOIs, MOUs & Term Sheets

1 본격적 계약 이전의 약정

M&A와 같은 복잡한 계약은 여러 단계의 협상을 거쳐야 한다. 관련 당사자들의 영업관련 주요 사항에 대한 합의가 있어야 비로소 변호사들은 거래의 문서작성을 마칠 수 있는 것이다. 이러한 협상 과정에 걸쳐 있는 약정이 Term Sheet, 의향서(Letters of Intent, 통상 "LOI"로 부른다), 양해각서(Memorandum of Understanding, 통상 "MOU"로 부른다), 비밀유지약정(Non-disclosure Agreement, 통상 "NDA"로 부른다) 등이 포함된다. 이런 약정들은 개별적으로 체결되기도 하고, 하나의 문서에 통합하여 포함되기도 한다.

거래를 수행하는 변호사는 거래 협상의 초기 단계부터 관여하기도 하고, 거래의 주요한 조건들이 결정된 다음에 업무를 시작하기도 한다. 그 어떤 경우이더라도 최종적인 약정에 합의되기까지 변호사는 추가적 협상으로 나아가거나 그 실사를 위한 문서의 기안을 담당한다. 그러나 조속히 종결되는 거래의 경우 이러한 약정을 체결하지 않기도 한다. 본장에서는 이상의 약정들을 검토한다.

2 비밀유지약정(NDA)

1. 일반

비밀유지약정은 "confidentiality agreement"로도 빈번히 불리는데, 이 약정은 일반의 당사자가 그 사업이나 상품, 개발품 등에 관한 비밀의 정보를 제공하고, 상대방은 동 약정으로 예외가 허용된 경우 이외에는 다른 누구와도 이 정보를 공유하지 않겠다는 서면(written)의 공식적인(formal) 약정이다. NDA는 다양한 사업에서 여러 형태로 이용된다. 기술 회사는 사업 파트너, 근로자, 판매자와도 이러한 계약을 체결한다. 업무를 수행하는 변호사에게 이 약정에 서명할 것을 요구하는 고객도 적지 않다.

NDA는 흔히 기술과 관련되어 있지만, 기술 회사에 국한되지 않는다. 비밀 가치를 가진 정보를 내포한 사업이라면 그리고 정보의 유포를 통제하고자 하는 회사라면 언제나 정보에 접근할 수 있는 자와 계약을 체결해 둔다. 여기에는 당연히 금융 딜(financing deal)이나 M&A 협상이 포함된다.

NDA는 다양한 형태를 띠며, 그 자체가 독립적인 계약이 되기도 하지만 근로 계약(employment agreements), 컨설팅 계약(consulting agreements), 합작투자계약(joint venture agreements), 금융관련 계약(financing agreement), MOU 등에 포함되기도 한다. 여기에는 두 가지 핵심 요소가 있다.

우선 비밀유지의무의 적용 대상인 비밀 정보(confidential information)를 정의하고, 그러한 정보에 접근할 수 있는 사람을 구체적으로 정한다. 이외에도 정보 관련 주의의무의 기준, 정보의 누출과 관련된 통지 의무, 정보 공개가 강제되는 상황에 대한 대응 행위, 의무 위반에 대한 구제 등을 규정하는데, 이하 상설한다.

2. 개념

가. 당사자

NDA에서는 일방 당사자가 정보를 공개하는지 아니면 계약 당사자 모두가 정보를 공개하는지를 정하는 것이 중요하다. 이에 따라 정보를 수령하는 당사자와 정보를 공개하는 주체가 결정되기 때문이다. 문안을 도안하기 위해서도 중요하지만, 어떤 정보가 비밀정보이고, 어떠한 절차와 권리 구제 방법이 합당한지를 결정함에 있어서도 중요하다. 궁극적으로 비밀유지 약정이 상호적(mutual)인 경우라면 두 당사자는 모두 정보의 수령자임과 동시에 정보를 공개하는 자가 된다.

나. 비밀 정보

NDA에서는 어떤 정보가 비밀 정보에 해당되어 의무의 대상이 되는지를 명확하게 정의하는 것이 중요하다. 이 약정을 도안할 때 다른 성격을 내포한 딜에서 사용한 이전의 계약서상 문구를 그대로 따오는 일은 피해야 한다. 또한 론 계약서와 같이 정보의 공개가 일방적인 경우와 합병의 경우에 있어서와 같이 정보의 양방향에서 공개되는 경우의 차이점을 유념하여야 한다. 비밀 정보를 개념 정의하는 방법은 두 가지로 나뉜다.

그 하나는 비밀 유지의무가 보장되어야 하는 정보의 타입을 개괄적으로 개념 정의하는 것이고, 다른 하나는 비밀 정보로 명시적으로 표시된 것을 비밀 정보로 취급하는 방법이다.

Example 1

"Confidential Information" shall be defined[4] herein[5] as any information disclosed by one party hereto (or the disclosure of which is facilitated by such Party) (the "Disclosing Party") to the other Party hereto (the "Receiving Party"), whether on paper, electronically, orally[6] or otherwise, including (ⅰ) any client list, customer list, investor information, potential investor information, contract, term sheet, report, phone number, idea, proposal,[7] plan, procedure, technique, formula, technology or method of operation, any information of a proprietary[8] nature, and any intellectual property owned or licensed by the Disclosing Party or relating to the Disclosing Party or any of the Disclosing Party's principals' or affiliate[9]s' business, projects, operations, finances, activities or affairs, whether of a technical or business nature or not (including trade secrets, know-how, processes, and other technical or business information), or any proposed change thereto, (ⅱ) any other information disclosed by the Disclosing Party and designated by the Disclosing Party as confidential or proprietary, and (ⅲ) any other information that the Receiving Party knows or reasonably should know that the Disclosing wishes to keep confidential. Any and all information disclosed by one Party to the other Party, including any discussions preceding the date

---

4) 개념정의하다.
5) 여기에
6) 구두로

of this Agreement, shall be deemed to be Confidential Information and treated as proprietary, <u>whether specifically marked as such or not</u>.[10]

위 Example 1은 경쟁관계에 있는 보다 큰 규모의 회사와 협상에 임하는 소규모 기술 회사가 작성한 NDA이다. 정보 제공회사는 금융이나 IT와 관련된 민감한 정보를 포함하여 상대방 회사에게 제공되는 모든 정보를 비밀 정보로 간주하고자 한다. 보다 광범위하게 정보 공개주체가 비밀로 유지하고자 함을 알거나 알았어야 할 모든 정보(any information that the Receiving Party knows or reasonably should know the Disclosing Party wishes to keep confidential)를 비밀 정보로 개념정의하기도 한다.

Example 2

"Confidential Information" shall include all information disclosed for "The Purpose" that, (ⅰ) if in <u>tangible</u>[11] form is marked as proprietary, confidential or by similar legend; or (ⅱ) if in oral, visually presented, or otherwise is in intangible form is designated as proprietary upon disclosure and is summarized in writing and delivered to Receiving Party <u>within</u>[12] 30 days of disclosure. Confidential Information stored in electronic form on disk, tape, or other storage media constitutes information in tangible form. Such electronic Confidential Information is considered adequately marked if a proprietary legend displays when the information originally runs on a computer system and when the information is printed from its data file.

---

7) 제안
8) 재산적인
9) 자회사
10) 그와 같이 표시되어 있는지 여부를 불문하고
11) 유형의
12) ~내에

Example 3

Proprietary Information may <u>consist of</u>[13] documents, data, or software exchanged in support of the Program. To protect Proprietary Information the Parties must comply with the following:

Proprietary Information shall be identified in writing at the time of disclosure by an appropriate legend, marking, or stamp on the face of the document or in the case of software, a notice on both the storage media label and the computer screen for the computer operator to view when the software is loaded. Electronic forms of transmission (email, file transfer protocol, etc.) shall be afforded the same protection. Proprietary Information, data, or software exchanged between the Parties orally or visually shall be identified orally as such at the time of disclosure and confirmed in writing within thirty (30) days after disclosure.

위 3개의 예시문들은 비밀 정보의 정의에 관하여 명백히 다른 태도를 보여주고 있다. 첫 번째 예문은 제시되는 정보의 대부분을 비밀정보로 취급하고 있고, 어떻게 표시거나 지정되는지를 불문하고 어떠한 개념 징표를 충족하기만 하면 모두 비밀 정보로 취급한다.

다른 예는 비밀 정보로 표시된 정보만을 비밀 정보로 하고 있다. 첫 번째 타입의 약정은 약정의 당사자가 경쟁 관계에 있을 때 보다 적합하다. 세 번째의 예는 비밀 정보를 재산 정보("Proprietary Information")로 정의하는 점이 독특하다.

위의 모든 예시들이 소프트웨어와 같이 전자적으로 저장되는 정보에 대해서는 다른 기준을 정하고 있다. 협상에 임할 때는 회사가 이와 같은 기준을 충족할 수 있는 기술적 능력 등을 구비하고 있는지를 감안하여 조항을 확정하여야 한다.

이외에도 NDA는 비밀 정보에 대한 예외 조항을 둔다. 아래 4, 5, 6 예시문들은 그 예이다.

---

13) ~로 구성되다.

Example 4

Confidential Information shall not include anything which is publicly known (other than as a result of a breach of this Agreement) or any nonproprietary generic knowledge, skills or experience of the Disclosing Party.

Example 5

No limitations of this Agreement shall not apply to any portion of the Confidential Information which:

(a) was in the public domain prior to the date of disclosure by the disclosing party; or

(b) entered into the public domain other than by breach of this Agreement; or

(c) was known by the receiving party prior to disclosure as evidenced by written records; or

(d) was disclosed to the receiving party by a third party not in violation of any obligations of confidentiality to the disclosing party; or

(e) was independently developed by the receiving party as evidenced by written records.

Example 6

Information shall not be afforded the protection of this Agreement from and after the first to occur of the following:

a. When it is developed by the receiving party independently of the disclosing Party;

> b. When it was known to the receiving party prior to disclosure by the disclosing Party as evidenced by data in existence at the time of disclosure;
> c. When a lawful disclosure is made by a third party to the receiving party under conditions permitting such disclosure;
> d. When it is or becomes known to <u>the public</u>[14] without breach of this Agreement or the fault or <u>negligence</u>[15] of the receiving party;
> e. When it is disclosed with the written approval of the disclosing party;
> f. The <u>lapsing</u>[16] of five (5) years from the date of termination of this Agreement - the 'Confidentiality Period'.

Example 4는 매우 좁은 범위의 예외를 정하고 있는데 반하여, Examples 5 와 6은 보다 넓은 범위의 예외를 정하고 있다.

3. 관리 규정(Operative Provisions)

가. 정보의 사용

정보의 범위를 정했으면, 다음에는 누가 해당 정보를 가지고 어떤 행동을 할 수 있는지를 정해야 한다. 어떤 피용자가 정보에 접근할 수 있는지, 어떤 정보에 어떤 사용권이 설정될 것인지를 정한다. 아래 예시 7, 8, 9는 각 다른 행위기준을 정하고 있다.

---

14) 대중, 공중
15) 과실
16) (시간의) 경과

Example 7

Each Party warrants and covenants that it shall not directly or indirectly, in any present, pending[17] or future transactions, or in any transactions that may become temporarily[18] inactive[19] for any reason that at some point[20] may become active, as determined by the Seller in its reasonable discretion, (a) copy any Confidential information, or disclose or transfer any Confidential Information to any other person, business, government official or agency, or entity; (b) aid, encourage, or allow any other person, business, government official or agency, or entity to gain possession[21] of, or access[22] to, any Confidential Information; or (c) use, sell, or exploit[23] any Confidential Information or aid,[24] encourage, or allow any other person, business, government official or agency, or entity to use, sell, or exploit any Confidential Information. The Parties irrevocably agree to accept full responsibility and liability for their respective agents, brokers, principals, clerical assistants and any other related third parties to maintain strict confidentiality of any and all Confidential Information. No Confidential Information is to be copied, distributed, or otherwise disseminate[25]d without the express prior written consent of the party who provided such information, whether an Information Provider (as defined below) or a Party hereto. Each Party shall treat any Confidential Information with the same (or greater) degree of care[26] that is afforded to the Confidential Information that is proprietary to such Party itself. Each of the Parties shall use all Confidential Information only for the purpose of[27] exploring the feasibility[28] of a business relationship with the other Party and, if such a relationship is commenced[29], to further such business relationship. No rights or licenses to use any Confidential Information shall be implied or granted under this Agreement.

---

17) 계류 중인
18) 임시로, 일시적으로

Example 8

The Parties hereby agree that any Proprietary Information received by one Party (the "Receiving Party") which is so identified in writing by the other party (the "Disclosing Party") to be Proprietary Information will be kept in confidence by the Receiving Party with the same degree of care that it normally employs for the protection of its own proprietary information, but not less than a reasonable degree of care for a period of five (5) years from the date of termination[30] or expiration[31] of this Agreement, and will not be used or disclosed by the Receiving Party, except to such of its employees that have a need-to-know and who have signed a confidentiality agreement protecting the Proprietary Information of the Parties. This agreement expressly prohibits disclosure of Proprietary Information to any "Third Party" without first obtaining written authorization from the Party originally disclosing the Proprietary Information. In the event that Third Party disclosure is authorized, the Third Party is required to first enter into a non-disclosure agreement that provides protection for Proprietary Information that is no less protective than this Agreement. Examples of a Third Party include, but are not limited to,[32] any consultant, supplier, vendor, subcontractor, independent contractor, other companies, corporations, institutions, person or persons otherwise not directly employed by the Receiving Party.

---

19) 진행되지 않는
20) 어떤 시점에
21) 점유
22) 접근
23) 이용하다.
24) 돕다.
25) 배포하다.
26) 같은 정도의(보다 더한) 주의로써
27) ~의 목적으로
28) 가능성
29) 시작되다.
30) 종료

Example 9

With respect to[33] Proprietary Information, the recipient shall hold it in confidence upon receipt from the disclosing Party; use it only for authorized purposes in support of the specified[34] business relationship contemplated in this Agreement; make it available[35] only to its employees having a need to know; not otherwise use or disclose the information to third Parties without written authorization from the disclosing Party.

위 예시 7, 8, 9는 각 다른 기준을 사용하고 있는데, 예시 9는 정보와 관련된 주의의무를 설정하지 않고 있다. 게다가 정보의 공개를 통해 사용권 등이 설정되는 것이 아니라는 점을 분명히 해 두지 못하고 있다. 이처럼 워딩을 하게 되면 향후에 법원의 판단은 당사자가 정보를 취급하는 구체적인 상황에 따라 지적 재산권의 대상이 되는 정보에 대하여 사용권이 설정되었다고 판시할 여지를 남기게 된다.

정보를 제3자에게 제공할 때는 반드시 공시 주체의 서면 승인을 받아야 함을 명시하는 것이 중요한 포인트이다.

나. 정보 공개의 강제

소송에서 법원이 정부의 조사에서 규제 기관 등이 해당 정보를 요청할 경우 어떻게 할 것인지가 계약 당사자의 관심사이다. 정보를 공시하는 주체로서는 정보를 개시하지 않으려 할 것이다. 그러나 정보 수령 주체로서는 법원이나 정부 등의 규제 기관의 명령을 위반하는 상황에 처하고 싶지 않을 것이다. 이런 대립하는 의사는 통상 (1) 정보의 수령 주체가 이런 요청이 있었음을 정보 제공자에게 통지하게

---

31) 만료
32) ~를 포함하되, 여기에 국한되지 않는다.
33) ~와 관련하여
34) 특정된
35) 사용할 수 있도록 하다.

하거나 (2)그런 시도를 거부하거나 이에 협조하는지를 알려 주도록 하는 선에서 타협한다. 아래 예시 10과 11에 그런 취지가 담겨 있다.

> **Example 10**
>
> In the event that either Party is confronted with legal action or a requirement under applicable government regulations to disclose Proprietary Information received hereunder, the Parties shall promptly apprise each other and shall cooperate in contesting the disclosure.

> **Example 11**
>
> Notwithstanding anything in the foregoing to the contrary,[36] the Receiving Party may disclose Confidential Information pursuant to[37] any governmental, judicial, or administrative order[38], subpoena,[39] discovery request[40], regulatory request or similar method, provided that the Receiving Party promptly notifies, to the extent practicable[41], the Disclosing Party in writing of such demand for disclosure so that the Disclosing Party, at its sole expense,[42] may seek to make such disclosure subject to a protective order or other appropriate remedy to preserve the confidentiality[43] of the Confidential Information; provided in the case of a broad regulatory request with respect to the Receiving Party's business (not targeted at Disclosing Party), the Receiving Party may promptly comply with such request provided

---

36) 이상의 내용에 기재된 다른 내용에도 불구하고
37) ~에 따라서
38) 행정 명령
39) 영장
40) 정보 개시 요청
41) 가능한 한
42) 오로지 그 비용으로
43) 비밀을 유지하다.

> the Receiving Party give (if permitted by such regulator) the Disclosing Party prompt[44]) notice of such disclosure. The Receiving Party agrees that it shall not oppose[45]) and shall cooperate with efforts by, to the extent practicable, the Disclosing Party with respect to any such request for a protective order or other relief. Notwithstanding the foregoing, if the Disclosing Party is unable to obtain or does not seek a protective order and the Receiving Party is legally requested or required to disclose such Confidential Information, disclosure of such Confidential Information may be made without liability.

Examples 10 and 11는 이 문제에 관하여 매우 다른 입장을 취하고 있다. No. 10은 간단한 통지 조항을 두고, 이러한 요청을 거부하는 측으로 양 당사자가 협조하도록 하고 있다. 예시 11은 공개의 요청이 어떤 종류인가에 따라 다른 해법을 제시하고 있다. 법규에 따른 공개 요청은 타당한 것으로 취급하고 있다. 예시 11이 예시 10과 다른 점은 정보 공시에 소요되는 비용을 누가 부담할 것인지를 정하고 있다는 점이다.

다. 정보의 반납 및 파손; 경쟁금지조항

비밀 정보가 잠재적 매수인 등 NDA의 적용을 받는 당사자에게 전달된 다음 NDA의 효력이 종료되면 어떻게 되는가? 제공된 정보의 종류 및 당사자의 관계에 따라 이 문제는 매우 중요할 수 있다.

가령 경쟁관계에 있는 당사자가 제안된 합병에 관하여 심도있는 협상을 한 다음 딜이 결렬되었을 때 두 당사자 모두 그간의 과정에서 상대방에게 공개된 정보가 불리하게 이용되지 않기를 보장받고자 할 것이다.

이러한 우려 때문에 다음과 같은 약정을 둔다. 먼저 정보를 반납하고 파손하며, 계약의 유효기간뿐만 아니라 그 종료 이후에도 다른 당사자와 경쟁 – 경쟁관계에

---

44) 신속한
45) 반대하다.

있는 제3자에 조력하는 것을 포함한다 – 하는데 관련 정보를 사용하지 않도록 한다. 해당 조항의 예시는 다음과 같다.

> **Example**
>
> The Receiving Party will, promptly <u>upon written request</u>[46] but in no case more thirty days after receipt of such request, return all Confidential Information received from the Disclosing Party and all copies thereof or certify in writing that all such Confidential Information and copies thereof have been destroyed, <u>except that</u>[47] a file copy for legal purposes may be retained.

대부분의 NDA는 자료의 반납과 파손 관련된 긴 조항을 둔다. 위 예시 조항은 자료의 반납과 파손에 탄력적인 운용이 가능하도록 하고 있다. 예시 조항은 또한 법률적 목적으로 파일 사본을 보유하는 것을 예외로 허용하고 있다. 정보를 공개하는 당사자가 이에 관하여 우려가 있다면 정보 수령 당사자의 사내 변호사(in-house counsel) 또는 소송을 대리하는 외부 변호사만이 소송의 수행 또는 기타의 법률상 목적으로만 정보에 대한 접근권이 있으며, 이러한 접근에 사전 서면 동의를 얻도록 할 수도 있다.

정보 수령 주체의 역설계(reverse-engineering) 등의 방법으로 경쟁을 하는 경우가 우려된다면 다음과 같은 조항을 두어 우려를 예방할 수 있다.

> **Example**
>
> Both Parties agree that neither party will attempt, and neither party will direct or employ others to attempt, to <u>reverse engineer</u>[48] the hardware, <u>subassemblies,</u>[49] software, and/or technical data that is developed,

---

46) 서면의 요청이 있는 경우
47) ~을 제외하고

> subassemblies,50) software, and/or technical data that is developed, manufactured or sold by the other party. Each party agrees not to use any information disclosed pursuant to this Agreement to compete with the Disclosing Party.

라. 구제(Remedies)

모든 NDA가 권리 구제 조항을 두고 있지는 않다. 이때는 일반적인 계약 위반시의 구제 절차에 의하게 된다. NDA 위반은 정보 공개 주체에게 즉각적인 침해를 끼칠 수 있으므로, 대부분의 경우 유지명령 조항(injunction provision)을 둔다. 이 조항에 따라 당사자는 유지명령 조항이 적절한 구제수단임에 동의한다. 이러한 조항은 관할이 증거 기준(evidentiary standard) 등에 의하여 유지명령을 얻는 것이 곤란한 지역인 경우 매우 중요하다. 조항의 예시는 다음과 같다.

Example

> Either Party hereto shall have the right to have this Agreement specifically enforced by any court having equity jurisdiction51) (including, but not limited to, by injunction), it being acknowledged and agreed that any breach or threatened breach will cause irreparable52) injury to the non-breaching Party and that money damages will not, in and of themselves, provide an adequate remedy to the such non-breaching Party; provided, however,53) that nothing herein shall be construe54)d as prohibiting such non-breaching Party from pursuing any other remedies available to the such non-breaching Party for

---

48) 역설계하다.
49) 부품
50) 부품
51) 형평법상 관할권이 있는
52) 회복할 수 없는
53) 다만
54) 해석하다.

such breach of threatened breach, including the recovery of monetary damages[55] or other damages from the breaching Party (and/or its affiliates, officers, employees, agents, etc.). All rights, powers and remedies provided under this Agreement or otherwise available in respect hereof at law or in equity shall be cumulative[56] and not alternative, and the exercise or the beginning of the exercise of any thereof by any party shall not preclude[57] the simultaneous[58] or later exercise of any other such right, power or remedy by such party. Any Party may file this Agreement with the applicable judicial authority as conclusive proof that in the event that any proceeding is commence[59]d by either Party seeking[60] equitable remedies[61] to enforce this Agreement, each Party hereby waive[62]s the defense and argument, and the right to argue, that monetary damages may serve as[63] an adequate[64] remedy for the such Party.

이 조항이 당사자에게 유리한 이유는 회복할 수 없는 손해(irreparable harm) 또는 금전적 배상으로 충분하지 않은 경우(money damages are not sufficient to remedy for a breach of an NDA)에 대한 당사자의 입증책임(burden of proof)을 경감한다는 점이다. 이 항변의 포기 조항은 법원이 이를 집행할 경우 피해 당사자의 시간과 비용을 줄인다.

또한 NDA가 중재 등의 ADR 절차에 의하여 집행될 수 없다는 점을 유념할 필요가 있다. 중재인은 법원과 같이 특정 행위 또는 그 금지를 명할 권한이 없기 때문

---

55) 금전적 손해
56) 중첩적이,(청구권이) 경합하는
57) 금지하다.
58) 동시의
59) 시작하다.
60) 구하는
61) 형평법상의 구제
62) 포기하다.
63) ~의 역할을 하다.
64) 적절한

이다. 제공하거나 수령한 정보 모두가 이 약정의 적용대상이기 때문에 당사자는 그 취급에 세심한 주의를 기울여야 하고, 해당 정보를 상급자나 변호사에게 교부하여야 한다.

3 인수의향서(LOIs), 양해각서(MOUs)와 Term Sheet

1. 일반론

LOI, MOU, Term Sheet은 론, 합작 투자, M&A 거래를 포함한 다양한 타입의 거래에 있어서 진지하게 거래를 종료할 뜻이 있음을 제시하고, 주요 조건을 나열하는 것이 그 목적이다. 그러나 이때의 진지한 약속에는 법률적 구속력을 위한 조항은 거의 포함하고 있지 않다.

이 약정들의 차이는 주로 그 형식에 있다. Term sheet은 정보를 단순히 나열하는 형식(bullet format)임에 반하여, LOI는 레터의 형식으로 일방 당사자가 다른 당사자에게 보내는 형식이고 여기에 다른 당사자가 이를 수락하는 내용이 담긴다. 이다. MOU는 이 보다 더욱 계약에 가까운 형태를 띤다. 그러나 늘 이와 같은 구분이 엄격히 지켜지는 것은 아니다.

그 형식에 불문하고, 이러한 약정들은 법적 구속력이 없다. 그럼에도 당사자들은 이 문서들을 매우 심각하게 고려한다. 가장 첨예하게 다투어지는 문제는 어느 정도의 쟁점을 종결하고 어떤 문제는 추가적 협상의 대상으로 남겨둘 것인가이다. 양해각서를 기안하고 협상하는 것이 바로 계약의 종료가 되기도 한다.

2. 전형적 조항

통상 양해각서는 다음의 사항을 포함한다.

A. 최종적 계약의 주요 조건(core terms)
　　　B. 협상, 실사, 계약 종결의 Timetable
　　　C. 비밀 유지약정
　　　D. 딜이 종료되지 않고 끝나는 경우 당사자들의 의무

　향후 진행될 협상과 실사와 관련하여 제공되는 정보가 비밀 유지약정의 대상이 되는 한, 관련인들은 비밀 유지의무를 숙지하여야 한다. 이외에도, 양해각서에는 다음과 같이 당사자의 관계를 분명히 해 두는 문구가 삽입된다.

Example

　Nothing in this MOU shall be deemed to[65] establish a relationship of principal and agent[66] between any of the parties hereto, nor any of their agents or employees for any purpose whatsoever, nor shall this MOU be construed as creating any other form of legal association or arrangement which would impose liability upon[67] one party for the act or failure to act of the other parties. Each party shall be responsible for the acts and omissions of its officers, employees and agents.

3. 구속적/비구속적 약정의 구분

　대부분의 쟁점을 해소하지 않은 채로 남겨두고, 주요조건을 불분명한 상태로 두지만, 법적 구속력이 있는 약정과 그렇지 않은 약정의 선만은 분명히 그어둘 필요가 있다. MOU가 비밀 유지에 관하여 명확한 조항을 두고 있다면 여기에는 법률적 구속력이 부여된다. 기타 구속력이 있는 약정은 신의성실에 의한 협상, 실사 수행의 룰(protocle) 등이다.

---

65) 간주되다.
66) 본인과 대리인
67) ~에게 책임을 부과하다.

일반적으로 구속력이 있는 것으로 지정된 조항 이외에는 구속력이 없다고 기재하고, 그 표현은 다음과 같다.

> **Example**
>
> It is the intention[68] of the parties hereto that this Agreement shall not be binding on the parties hereto; provided, however, that Sections 3, 7 and 8 hereof shall be binding on the Parties hereunder signed, their successors and assigns.[69]

이와 달리 원칙적으로 모든 내용이 구속력이 있다는 문구는 다음과 같이 표현된다.

> **Example**
>
> This Agreement shall be binding on the Parties hereunder signed, their successors and assigns, and their respective agents, employees and representatives.

---

[68] 의도
[69] 승계인

실사
(Due-diligence)

1 필요성 그리고 중요성

M&A 또는 증권 발행 - 그 어떤 경우이건 대상 기업에 대한 정확한 가치를 객관적이고 정확하게 평가하는 작업이 선행되어야 한다. 실사(Due-diligence)는 거래와 관련된 주요 정보(key information)를 밝혀내어 이를 공시하도록 하여, 정보를 분석하는 과정에서 허위의 정보나 누락된 정보를 밝혀내고, 거래에 수반된 위험을 부각할 뿐만 아니라, 당사자들에게 거래의 목적을 이해시키는 역할을 한다.

M&A를 둘러싼 실사는 회사법적 측면에서 뿐만 아니라 노동, 조세, 회계, 기술, 환경 등 다양한 전문 영역의 두루 살피는 작업이며, 이 과정에서 각 영역의 법률적 쟁점이 부각된다.

만약 제시된 법률적 문제 때문에 거래를 진행할 수 없거나 진행이 곤란하다면, 불가피하게 딜을 중단하게 되는데, 이러한 사유를 딜 중단 사유("deal breaker")라 한다.

딜이 중단되지 않고 나아가게 되는 경우, 실사는 거래의 구조, 계약의 조건, 전략 등을 정하는데 도움을 준다. 다방면의 실사 결과는 M&A 계약서 중 진술 및 보장 조항(Representations and Warranties)에 반영된다(이에 관하여 상세히는 제6장 진술 및 보장 참고). 뿐만 아니라 아니라, 실사 결과 발견된 사항을 가지고 거래 상대방과 가격협상(pricing)에 활용할 수 있는데, 인수인은 실사과정에서 확보된 자료를 기초로 기업의 가치평가(evaluation)를 하게 되며, 이를 기초로 하여 주식이나 기타 증권의 가격을 결정한다.

이처럼 실사의 전과정에서 변호사들이 맡는 역할은 매우 중요하다. 변호사들의 역할을 요약하자면 딜과 관련된 "리스크의 발견과 반영"이라 할 수 있을 것이다. 리스크를 발견하면 이 문제가 어떻게 딜에 영향을 미치는지를 판단하고, 어떻게 이 리스크를 최소화할 수 있는지를 검토한다.

리스크의 발견은 결국 실사를 통하여 중요한 정보를 밝혀내는 일인데, 여기에는 진행 중인 소송 법규나 계약의 위반, 문제의 소지가 있는 계약 등 잠재적 인수인이 애초에 알지 못한 정보들이 포함된다. 어떤 리스크는 사업에 영향을 미치지 않지만, 거래의 구조에 영향을 미치기도 한다. 예를 들면, 회사가 이전의 직원에게 주식을 발행하였으나 그 기록을 제대로 하지 않았고, 그 직원이 자신을 주주로 인정하여 줄 것을 요청하는 때라면 이 쟁점은 사업에 영향을 주지 않더라도, 인수인으로서는 거래를 수행하면서 이 문제를 해결하여야 한다.

2 상당한 주의의 항변(Due-diligence Defense)

이러한 실사를 제대로 하지 않은 경우 변호사는 법률적인 책임을 부담하는가? 답은 "YES"이다. 기업 금융 영역에서는 법으로 책임이 규정되어 있다. 다수의 투자자에게 증권을 매수할 것을 권유하는 공모의 경우 앞서 언급한 바와 같이 증권신고서를 금융위에 제출하고, 투자설명서를 투자자에게 교부하여야 하는 공시규제가 적용된다. 이러한 서면은 투자자의 투자 판단에 중요한 정보(material information)를 담고 있어야 하며, 여기에 허위의 기재가 있거나 중요한 정보가 누락될 경우 발행인, 인수인, 이사, 변호사 등은 이로 인하여 투자자가 입은 손해를 배상하여야 한다.

한편, 증권발행 딜에서는 실사를 수행한 변호사 등을 증권신고서 허위기재로 인한 손해배상책임으로부터 면제받도록 한다. 배상의 책임을 질 자가 상당한 주의를 하였음에도 불구하고 이를 알 수 없었음을 증명한 경우에는 증권신고서 허위 기재 등으로 인한 배상책임이 면제되는데(자본시장법 제125조 제1항 단서), 이때 상당한 주의를 다하였음을 항변하는 것이 상당한 주의의 항변(Due-diligence Defense)이다.

어떻게 하여야 상당한 주의를 다한 것으로 인정되는가? 우리 법원은 이러한 항변을 하기 위해서는 자신의 지위와 특성에 따라 합리적으로 기대되는 조사를 하였으며, 그에 의해 문제된 사항이 진실이라고 믿을 만한 합리적인 근거가 있음을 증명하여야 한다고 판시하고 있다.[70] 이 기준은 미국 판례상의 기준인 "if they had,

---

70) 대법원 2002. 9. 24. 선고 2001다9311, 9328

after reasonable investigation[71], reasonable ground[72] to believe and did believe that the statements in the registration statement were true and complete and not misleading[73]" 과 일치한다. 따라서 합리적인 실사를 수행한 변호사 등은 이를 입증하여 이러한 책임으로부터 면제될 수 있다.

우리나라 회사가 발행인(issuer)으로서 미국의 투자자(investor)들에 증권을 발행하는 딜의 경우, 미국 증권법(The Securities Act of 1935)과 증권거래법(The Securities Exchange Act of 1936)의 적용을 받게 되므로, 이에 따른 책임에도 노출되게 된다.

우리법과 마찬가지로, 증권신고서가 유효하게 되고, 그 증권신고서에 중요한 정보가 허위로 기재되거나 중요한 정보가 누락된 경우, 그와 같은 허위기재나 누락을 알지 못한 투자자는 발행인, 이사, 전문가(발행인의 독립 회계사와 같은), 인수인 등에 대하여 손해배상청구를 할 수 있다.

다만 우리법과 달리 발행인은 그 기재에 발행인의 과실이 없었음을 입증하여도 그 책임을 면제받을 수 없는 책임(Strict Liability, 엄정책임)을 부담한다. 따라서 손해배상 청구인은 거래 인과관계나 발행인의 고의(scienter)를 입증할 필요가 없다. 그러나 이사, 전문가, 인수인 등은 언급한 바 있는 상당한 주의의 항변(Due-diligence Defense)을 주장, 입증하여 책임을 면할 수 있다. 관련 근거 조문은 다음과 같다.

In accordance with Section 11 of the Securities Act, if a registration statement, when it became effective, contained an untrue statement of a material fact or omitted[74] to state a material fact, any investor that did not know of the misstatement or omission would have a right of action against[75] the issuer, the directors of the issuer, the principal executive, financial and accounting officers of the issuer, in the case of a non-U.S. issuer, the authorized representative of the issuer in the United States, any "expert[76]" (such as the issuer's independent

---

71) 합리적 조사를 다한 후에
72) 근거
73) 오도하는
74) 누락된
75) ~에 대하여 소권을 갖는다.
76) 전문가

accountant) with respect to statements in the registration statement made on the authority of such expert and the underwriter[77]).

자본시장법의 조항이 적용되지 않은 M&A 거래의 경우에도 변호사에게 책임이 추궁된다면 이러한 소송에서 핵심적인 쟁점은 변호사가 "주의의무를 다 하였는가" 즉, 변호사에게 과실(negligence)이 있었는지 여부에 놓여질 것이고, 변호사는 주의를 다하였다는 항변을 할 것인데, 위 상당한 주의의 항변의 기준이 여기에도 유사하게 적용될 것이다.

3   실사의 방법과 과정

실사는 ⅰ) 임원, 이사, 주요 주주, 직원 등에 대한 인터뷰 및 ⅱ) 기업의 기록, 중요한 계약, 재무제표 등에 대한 검토를 통해서 이루어진다.

변호사들이 실사를 맡는 경우에도 양수인 측에 서는가, 양도인 측에 서는가에 따라 업무강도가 다르다. 인수자 측에서는 대상 회사의 주식 등 증권의 취득 시 거래가 불가능한 사유가 있는지, 법률 위반 사항이 있는지, 가격을 할인하여야 할 사항이 있는지를 면밀히 검토하여야 하므로, 인수인 측의 자문인이 되었을 때 변호사의 역할이 더욱 중요해지고, 실사도 더욱 면밀히 수행하게 된다.

1. 실사 범위의 책정

실사를 수행하는 방법은 실제로 매우 다양하다. 본격적 실사를 수행하기 이전에 누가 검토의 최종 책임자인가, 검토에 있어 어떠한 기준을 사용할 것인가, 보고서는 어떻게 그리고 누구에게 작성될 것인가, 거래의 규모나 복잡성과 연계된 기본적인 질문들은 무엇인가 등등이 고려되어야 한다.

---

77) 인수인

자료에 접근할 수 있는 시간적 제약이 있는지, 계약서에 작성된 Timeline이 있는지, 가용할 수 있는 자원들은 무엇인지도 고려할 중요한 문제이다. 이러한 문제들을 선행적으로 검토하여 가장 효율적으로 실사를 수행할 수 있는 계획을 세워야 한다.

실사는 다수의 사람들이 방대한 자료를 검토하는 작업이기 때문에 효율성이 무엇보다 중요하다. 효율적인 실사를 위해서는 우선순위를 잘 정할 필요가 있다. 같은 자산이라도 어떤 자산은 양수인의 관심 대상이 아닌 반면, 어떤 자산은 양수인의 주된 관심사가 될 수 있다. 따라서 실사 팀원들은 모두 딜의 경제적 성격과 주안점을 두어야 할 포인트를 주지하고 있어야 한다. 물론 경우에 따라서는 이러한 방향이 실사를 수행하면서 발견되기도 하고, 바뀌기도 한다.

한편, M&A 당사자가 공개회사(public corporation)인가 아닌가에 따라서 실사의 방법이 달라진다. 공개회사는 이미 많은 정보를 공시하고 있기 때문에 이때에는 양도인의 정보 제시에 의존할 필요 없이 공시된 정보를 직접 검토할 수 있기 때문이다. 따라서 대상 회사가 이러한 회사라면 변호사들은 공시 사이트에 가서 중요한 정보들을 미리 꼼꼼히 검토해 보아야 한다.

또한, 양도인은 대체로 계약의 종료(closing) 이후의 면책의무(Post-closing Indemnification Obligations)를 부담하지 않기 때문에, 계약의 종료를 기점으로 리스크가 양수인에게 이전된다는 점을 유념하여야 한다. 바로 이러한 점 때문에 진술 및 보장 조항의 존속, 면책 기간 등을 둘러싸고 당사자 사이에 치열한 협상이 벌어진다(이에 관하여서는 제6장. 진술 및 보장 조항 참고).

2. Checklists의 작성과 이용

실사를 수행하는 기본적 기준이 설정이 되면, 팀원들은 실사를 위한 체크리스트를 작성한다. 규모가 크거나 복잡한 딜의 경우 다음과 같은 복수의 리스트가 필요하다.

가. Closing Checklist

Closing checklist는 딜이 종료되기 위하여 취하여야 할 모든 조처를 정리한 리스트이다. 잘 작성된 Closing Checklists는 딜을 잘 마치기 위한 지도와도 같다. M&A 딜에서는 통상 양수인이 리스트를 준비해서 양도인에게 이를 제시한다. 당사자 이외의 거래 관련인들도 각자의 리스트를 만들기도 하는데, 가령 M&A 거래를 위하여 신디케이트 론의 형태 등으로 펀딩에 참여하는 주체가 그 자신의 고유한 리스트를 만드는 경우를 들 수 있다.

이상적으로는 딜 관련 모든 서류, 실사 관련 내용, 법률 의견서 등 거래의 종결과 관련된 모든 사항을 기재하는 것이 바람직하다. 또한 완료가 되어야 하는 항목의 기재에 그치지 아니하고 완료가 되어야 하는 날짜(deadline)와 그 조처를 책임 하에 수행하여야 하는 당사자까지 표기한 마스터 체크리스트(master closing checklist)를 준비하는 것이 더욱 유용하다.

실제로 복잡한 딜의 경우 복수의 펀딩(funding), 주체, 다양하고 복잡한 자산 등이 복합적으로 연결되어 매우 집중적이고 광범위한 실사가 필요하고, Closing Checklist도 광범한 항목을 담게 된다. 이때 리스트가 너무 길고 복잡하면, 세부 항목으로 분류한 간략한 리스트로 분할하기도 한다.

하나 주의하여야 할 점은 정형적인 거래라 하더라도 개별의 딜은 모두 다른 딜과 구분되는 특이 사항이 있다는 점이다. 따라서 이전의 딜에서 사용되었던 리스트를 기계적으로 따르는 것은 위험하다. 이전의 딜 관련 리스트는 참고로 하되, 새로운 딜의 차이점을 리스트에 새롭게 반영하여야 한다.

나. Due Diligence Checklists

마스터 체크리스트와 별개로, 거래의 당사자는 각자의 실사 체크리스트를 작성한다. 실사 체크리스트는 실사를 수행하는 외부 변호사만을 위해 만들어지기도 하지만, 고객(client)의 사내 변호사, 이사, 자산 관리인 등을 염두에 두고 만들어지기도 한다. 전제에 대한 리스트 대신 자산, 지적 재산권, 근로 등 특정한 영역을 위한 리스트를 만들기로 한다. 작성된 실사 리스트는 위 마스터 체크리스트와 연계되어야 할 뿐만 아니라 아래 초록 및 실사 리포트와도 유기적으로 연동되어야 한다.

3. 초록, 차트, Summaries

관련 당사자들이 효율적으로 실사 결과를 검토할 수 있도록 주요한 금융계약, 근로계약과 같은 핵심적인 계약의 초록을 만드는 것도 유용하다. 초록은 누구를 대상으로 하여 만드는가에 따라 포함되는 정보를 달리한다. 검토하는 사람이 CFO라면 회사의 금융이나 운용에 주요한 영향을 미치는지 여부를 궁금해 할 것이지만, 사내 변호사가 이를 검토한다면 이러한 사항 이외에도 계약의 주요한 조항과 조건들을 알고 싶어 할 것이기 때문이다. 따라서 실사 팀원들은 초록을 검토하는 주체가 누구인지를 알고 있어야 하고, 그에 적합한 정보를 제공하여야 한다.

초록 이외에도 리스크를 책정하고 이를 잘 보고할 수 있도록 정보를 정연하게 정리할 목적으로 목록, 차트 등의 요약본이 작성된다.

4. 실사 보고서(Due-diligence Report)

종국적으로는 실사의 결과를 종합적으로 기재하는 보고서가 작성되어 경영진이나 관련된 이해관계인(stakeholder)에게 제공된다. 실사 보고서를 기안함에 있어서는 법률 실사의 최종적 목적을 염두에 두어야 하는데, 그 목적은 법률적 채무나 책임 또는 거래상의 장애 요인을 적시 및 책정하고 이를 완화하는 것이다.

실사 리포트는 어떠한 자료들을 검토하였는지와 어떤 법률적 책임을 유발할 요소들이 존재하는지를 적시하여야 한다. 이에 대한 코멘트와 함께 이러한 문제점들을 해소할 수 있는 대안을 제시할 필요가 있다. 적절히 작성된 실사 보고서는 고객이 거래와 관련된 법률적, 경영적 판단을 함에 있어 유용한 도구로 기능한다.

실사 과정에서 발견된 쟁점들은 다양한 방법으로 거래에 영향을 미친다. 거래를 중단하게 하기도 하고, 특정한 자산이나 부채, 계열사나 임직원을 배제하거나 포함하도록 딜을 재구성하게 하기도 한다. 발견된 리스크는 가격을 협상하여 낮추는데 사용되기도 하고, 종료의 선행 조건이나 진술 및 보장 조항을 추가하거나 보험이나 담보, 면책 조항을 추가로 요청하도록 하기도 한다.

이와 같은 영향력에 비추어, 모든 중요한 쟁점들을 적시하되 중요하지 않은 쟁점들을 지나치게 병렬적으로 나열하게 정작 중요한 쟁점들이 가리는 일이 없도록 실사보고서를 작성하여야 함을 알 수 있다.

때문에 보고서 초반부에 핵심 쟁점들을 제시하는 방법이 효율적이다. 그런 연후에 이러한 문제들을 해소하는 논리적이고 체계적인 방안을 제시하여야 한다. 이 과정에서 이미 작성된 체크 리스트, 목록, 차트 등이 효율적으로 사용 및 제시될 수 있다.

수많은 법률적 쟁점들 사이에서 법률 전문가로서 적당한 균형을 잡기 위해서는 핵심 쟁점들에 대한 법률적 이해뿐만 아니라 관련 딜의 경제적인 수요와 함의에 대한 이해가 선행되어야 한다. 따라서 실사 보고서의 작성이나 검토에는 고객의 바로 이러한 관점에서 스크린 할 수 있는 성원이 포함되어야 한다.

5. 개시 목록(Disclosure Schedules)

개시 목록은 인수인에게 제공되는 목록이다. 여기에 진술 및 보장 조항에 대한 제외 사유가 기재되기도 하므로, 중요한 법률적 의미가 있다. 따라서 개시 목록이 제대로 작성되었는지를 확인하기 위한 실사가 필요하다. 예외가 기재되기도 한다. 첨부되기도 하는데, 양도인은 실사의 초기 단계에 신속하게 개시 목록을 작성하여 양수인에게 제공하면, 양수인은 그 자신의 실사 결과와 비교하여 누락된 것이 있는지를 판단한다.

개시 목록은 관련 계약상의 확정된 문언에 개시의무, 진술 및 보장 조항과 연계된다. 양도인이 개시 목록에 어떠한 채무를 개시하게 되면, 그 개시된 채무에 대한 리스크는 양수인에게 이전된다. 양도인이 가령 계류 중인 소송과 같은 중요한 사항에 관한 언급을 누락하게 되면, 양수인은 이를 이유로 진술 및 보장 조항의 위반을 주장할 수도 있고, 그러한 소송과 관련된 비용의 면책을 구할 수도 있다.

4 　구체적 내용

1. 회사일반(Corporate General Matters)

회사에 대한 일반적인 상황을 파악하기 위하여 회사의 주식발행 현황, 주주 현황, 정관 등 회사의 기본 규약, 등기부 등본, 이사 및 감사 등 임원의 현황, 이사회 규정, 주주총회와 이사회 의사록 등을 검토하여야 한다. 이때 회사에 대하여 이러한 자료를 요청하여야 한다.

이러한 회사 서류에 대한 검토는 해당 법인이 적법하게 설립되어 조직되어 해당 관할지역에서 법에 따라 존속하는지에 대한 것이 기본이다. 다음으로 승인 주체(주주총회 또는 이사회 등)가 해당 거래를 적법하게 승인하였는지를 확인하여야 한다.

① 조직 차트(Organizational Chart)

조직 차트는 조직의 구조, 구성 부분 간의 관련을 보여주는 도표이다. 그 자체가 법률 문서는 아니지만, 딜이 복잡할수록 이 차트가 중요한 역할을 한다. 차트는 회사 내부의 경영구조, 각 부서(division) 간의 관계, 소유 구조뿐만 아니라 계열 회사(affiliates)끼리의 관계도 보여준다.

이 차트는 실사의 방향을 정하는 데에도 참고가 되며, 진술 및 보장 조항을 도안할 때도 중요한 자료가 된다. 차트의 내용이 정확한지에 관하여 진술 및 보장을 받기 때문이다. 또한 거래의 서류의 기안자 또는 그에 대한 협상자에게는 법률문제를 해결할 수 있는 단초를 제공하기도 한다. 나아가 M&A 구조를 결정하는 기초자료이기도 하다.

② 정관(Articles of Incorporation) 및
　(상업) 등기부 등본(Copies of the Commercial Registry)

회사의 임원 구성, 자본 관계 등을 파악한다.

③ 주주명부(Shareholders Register)

주주명부는 주주의 구성, 주식 소유 구조를 보여준다.

④ 주주총회 의사록(Minutes of Shareholders' Meetings)

회사의 중요한 의사결정은 이사회가 아니라 주주총회의 승인을 받아야 한다. 그리고 이러한 승인에 하자나 흠결이 있으면 승인을 필요로 하는 그 행위는 무효가 된다. 이처럼 주주총회 의결은 매우 중요하기 때문에, 거래 일 기준 최근 3-5년 정도의 의사록을 꼼꼼히 살펴보아야 한다.

⑤ 이사회 의사록 (Minutes of Board of Directors' Meetings)

회사의 의사결정은 원칙적으로 이사회의 의결로 정하기 때문에, 이사회 의사록 역시 면밀히 살펴야 할 서류이다. 해당 거래에 대한 적법한 이사회의 승인을 얻었는지를 살펴보아야 한다. 해당 거래에 일정한 제한이나 조건이 설정된 경우, 그리고 그러한 제한이나 조건이 이사회 승인을 얻어야 하는 것이라면 여기에 대한 이사회 의사록도 챙겨 보아야 한다.

2. 주식이나 경영권 인수 제한에 관한 사항
(Prior Approvals and Consents)

M&A 거래의 경우 주식의 취득이 독점규제 및 공정거래에 관한 법률이나 자본시장법, 상법 등에 의한 금지, 허가, 신고 사항이 되기도 하므로, 이를 사전에 면밀히 체크하여야 한다. 주식의 취득이나 M&A 거래가 기존의 금융기관 등과의 사이의 채권계약 상 채권자의 사전 동의를 얻어야 하는 사항인지도 살펴보아야 한다.[78]

---

[78] 채권자는 채무자의 이러한 거래가 본인의 채권자로서의 지위에 중대한 영향을 미칠 수 있기 때문에 미리 이런 조항을 넣어두는 것이다. 실무에서는 채권자로부터 Waiver의 형식으로 동의를 받고 있다.

① 인(허)가(Government Approvals)

M&A 거래는 정부 기관의 승인을 얻어야 하는 경우가 많다. 일반적으로는 독점규제법상 공정거래위원회의 승인 사항인지를 살펴보아야 하고, 구체적으로는 해당 업계의 규제 기관의 승인이 필요한지도 검토하여야 한다. 복수의 관할에 거치는 거래의 경우 특별한 주의를 기울여야 하는데, 실사 팀은 어떠한 승인이 필요한지를 확인하여, 적기에 그런 승인을 얻을 수 있도록 규제 기관을 접촉하여야 한다.

② (사전) 동의(Prior Consent of Third Parties)

회사의 사업, 경영, 자산, 주주 구성 등에 중대한 변화가 있는 경우 이러한 변화는 회사의 채권자의 채권 만족가능성에 영향을 미치므로, 이때 채권자들의 동의를 얻어야 함이 일반적이다. 실사에서는 이러한 내용을 담고 있는 계약서를 꼼꼼히 체크하여 해당 당사자로부터 동의를 받도록 한다.

경우에 따라서는 합병 그 자체가 채무 불이행을 유발할 수 있도록 하는 조항이 담긴 계약도 있으므로 이런 때에는 더욱 특별한 주의가 필요하다. 또한 동의를 하는 제3자가 동의 여부에 관해 재량권(discretion)을 갖는 경우라면, 충분한 기간 전에 이러한 사항이 보고되어야 한다.

3. 회사의 재산에 관한 사항(Corporate Assets & Liabilities)

회사의 각종 재산의 현황을 파악하여야 하는데, (가)압류, 담보 등 재산에 대한 제한적인 사항이 있는지, 우발채무의 발생가능성이 있는지 등을 중심으로 검토하여야 한다.

① 부동산(Real Property)

부동산을 주된 수단으로 하여 사업을 영위하는 경우라면(예를 들어 호텔 영업, 부동산 임대업, 카지노 영업, 공장을 운영하는 경우 등이다) 부동산에 대한 실사가 실자의 중핵이 된다. 회사가 부동산을 소유하고 있지 않고, 리스 계약으로 사용하고 있는 경우라 하더라도, 리스 계약의 조항과 내용이 면밀히 검토되어야 한다. 부동산이 관련된 경우 이는 환경 문제와도 밀접한 관련이 있기 마련이다. 따라서 회사가 공장을 운영하는 경우 각종 환경 관련 법률을 준수하였는지를 살펴보아야 한다.

실사 때 살펴보아야 할 주된 사항은 다음과 같다.

---

i) Title & Land Use Matters.

소유권, 저당권 등 제한 물권이 설정되어 있는지, 부동산 사용과 관련된 인허가를 얻었는지

ii) Physical Inspection Reports.

환경, 안전 관련 법규를 준수하였는지를 살펴보아야 한다. 법률문제뿐만 아니라 해당 부동산의 "물리적 상태"도 스크린이 되어야 하는데, 이 작업은 해당 전문가에게 맡기게 되고, 물리적 상태에 대한 법률적 판단은 변호사가 하게 된다.

iii) Financing.

부동산을 이용한 금융 프로젝트가 흔히 수행되고 있으므로 해당 부동산에 이러한 딜이 연계되어 있는지를 살펴야 한다. 만약 그런 경우라면 해당. 관련 문서의 주요 조항, 조건들을 꼼꼼히 보아야 한다.

iv) Leases & Tenant Documents.

해당 부동산이 리스나 임대차의 대상이 된 경우라면 해당 계약의 조건, 내용 등도 살펴야 한다.

---

② 동산(Tangible Personal Property, "Chattel"이라 표현하기도 한다)

해당 사업이 제조업, 광업 등이라면 사업을 위한 기구가 중요한 자산이다. 따라서 소유권, 계약상의 권리 등을 체크해 보아야 한다.

해당 부동산에 대한 물리적 점검의 점은 위 부동산의 경우와 같다.

③ 지적 소유권에 관한 사항(Intellectual Property)

상표권이나 특허권 등 지적 재산권의 소유나 사용권 현황을 살핀다. 회사가 제조업을 영위하거나, 연예 사업을 수행하는 경우라면 IT 실사가 매우 중요해진다. 상표권(Trademarks & Service Marks), 특허권(Patents), 저작권(Copyrights), 영업 비밀(Trade Secrets) 등이 그 주된 검토 대상이다.

④ 재산에 대한 제한

해당 재산에 대한 법률적 제한이 있는지를 검토하여야 하는데, 이에 대하여 압류(attachment), 가압류(provisional attachment), 담보권이 설정되어 있는지를 살펴보아야 한다.

4. 우발채무(Contingent Liabilities)

우발채무란 장래의 어떠한 사건의 발생 또는 불발생을 조건으로 하여 지급의무가 생겨나는 채무를 말한다. 소송으로 인한 채무의 발생이 그 전형적인 예이다. 우발채무는 정부의 환경 문제에 대한 조사 결과로 인해 부담하게 될 수도 있다. 보증이나 면책 조항에 기재된 권리 행사 사유가 발생한 경우에도 발생할 수 있다. 합리적으로 예견 가능한 우발채무는 인수인의 실사 팀에게 모두 공개되어야 한다. 실사 팀은 이를 기반으로 우발채무가 작용할 수 있는 가장 나쁜 시나리오와 가장 긍정적인 시나리오를 작성하여 보고하게 된다.

5. 채무(Debt)

회사가 부담한 모든 채무를 검토하여야 한다. 채무는 담보부이건 그렇지 않건 재무제표(financial statements)에 반영되어야 한다. 회사가 채권(bond)를 발행한 경우라면, 관련된 모든 문서는 실사 팀의 검토 대상이 된다. 원리금 지급 일정, 약정 조항(covenants), put option 조항 등은 특별한 주의를 요한다.

대상 회사는 모든 채무의 리스트와 관련 계약서를 제공하여야 하고, 실사 팀은 채무계약의 주요 조건, 약정 조항, 채무 불이행의 존재 여부 등을 검토한다.

6. 세금(Tax)

과세 보고서, 감사에 관한 사항 등이 모두 검토되어야 한다. 국내외 과세 보고서의 최근 5년치 정도가 통상 검토된다. 세금과 간련된 모든 계류 중인 조처(감사, 소송 등)가 개시되어야 한다. 회계 부분은 변호사가 담당하기도 하고, 회계사가 검토하기도 한다.

7. 영업 및 계약에 관한 사항(Vendor and Contract Matters)

주로 회사의 영업의 현황을 파악하기 위한 계약으로서 원료 공급계약, 거래처와의 계약, 운송 계약 등 각종 계약서의 주요 내용을 파악하여야 한다. 이 중 근로 계약 부분은 따로 한 영역을 구성할 만큼 비중을 두기도 한다. 특히 퇴직금 채무 등을 승계할 것인가가 중요하다.

영업 부분에서 영업에 관한 각종 인허가 사항을 체크하기도 한다.

모든 계약이 진술 및 보장 조항에 포함되지는 않고 중요한 계약의 조건(materiality threshold)을 충족하는 건들이 진술 및 보장의 대상이 되므로, 어떤 조건이 중요성을 가늠하는 것인가가 중요한 문제가 된다. 중요성 요건은 계약의 종류, 계약 금액, 계약의 잔존 기간 등을 종합적으로 검토하여 결정된다. 실사 팀은 계약을 검토하여 초록을 만드는데, 이 내용은 진술 및 보장 조항을 작성하는 기초가 된다.

8. 근로 관계(Employment Relationship)

대상 회사에 잘 조직된 노동조합이 있는 경우 노조가 M&A의 전반적인 절차에 있어 매우 중요한 역할을 한다는 점이 우리나라 M&A의 또 하나의 특성이라 할 수 있다. 노동조합이 특정 인수자의 인수에 반대하여 실사를 저지하거나 성명서를 발표하는 등의 사례도 빈번하고, 우선협상대상자로 선정된 후 기업인수 작업을 중단한 측에서 대상 회사 노동조합의 실사 저지를 그 사유로 들기도 한다.

따라서 M&A 절차를 원만히 진행하기 위해서는 인수자도 노동조합 및 근로자들의 동조를 이끌어 내어야 한다. 이와 관련하여 M&A 계약 중 다음 두 가지 사항을 주목할 필요가 있다.[79]

첫째는 고용승계 보장 약정이다. 서울중앙지방법원 파산부를 비롯한 국내 파산법원의 기업회생실무에서는 우선협상대상자 선정시 고용승계 확약을 매우 중요한 요소로 여긴다. 회생절차와 무관한 M&A 계약서에서도 매수인의 약정(covenant) 사항의 하나로 일정한 직급 이하의 임직원에 대하여 인수 후 일정 기간 동안 정리해고 기타 감원을 하지 않겠다는 약정을 두는 예가 자주 있다. 회생절차 이외의 M&A 절차에서도 매도인이 매수인에게 고용승계 확약을 요구하거나 우선협상 대상자 선정 시 중요한 배점 요소로 미리 통보하는 경우가 많다.

둘째는 소위 M&A 상여금이다. 보조금, 위로금 등 다양한 명칭으로 불리지만 그 핵심은 경영권의 변동을 수반한 M&A에 즈음하여 대상 회사의 임직원들에게 일정한 금전적 이익을 부여하는 것이다. 이 또한 다른 나라에서는 유례를 찾기 어려운 우리만의 독특한 현상이다. 이러한 요구가 일반화되어 감에 따라 최근에는 M&A 상여금 지급 여부, 지급 시기, 액수, 부담이나 지급 주체 등에 관해 협상하고 그 결과를 M&A 계약서에 반영하는 사례가 늘고 있으며, M&A 변호사들이 실무적으로 놓치지 말아야 할 포인트이기도 하다.

근로 관계도 위 계약의 범주에 포함되지만, 계약에서 검토되는 쟁점 이외의 쟁점을 내포하고 있기 때문에, 별도의 영역으로 검토하는 것이 일반적이다. 대상 회사는 실사를 위하여 다음과 같은 서류를 제공한다.

---

[79] 천경훈, "한국 M&A의 특성과 그 법적 시사점에 관한 시론",「선진상사법률연구」(법무부, 2011. 10), 154면.

- 근로 정책(employment policies)의 사본
- 주요 근로 계약(임원의 계약, 주요 직원의 계약)의 사본
- 직원의 파일 사본
- 근로자가 대상 회사에 제기한 청구(회사 내부의 혹은 회사 외부 기관에 대한) 사본
- 근로 관계와 관련된 채무
- 노조 계약 등

① 근로 정책

회사의 근로 핸드북(employment handbooks)이 제공되어야 한다. 인사에 관한 정책과 관행이 검토되어야 하는데, 이는 인터뷰나 현장 방문의 방법으로 수행되기도 한다. 이러한 정책의 내용들은 대상 회사가 근로 관련 법규나 계약을 준수하고 있는지의 측면에서 스크린 된다.

② 근로 계약

실사를 위하여 제공되어야 할 근로 계약에는 회사와 근로자 사이에 체결된 계약 자체뿐만 아니라 경업 금지의 약정(non-competition agreement), 퇴직금 지급약정(severance agreement), 지적 재산권 관련 약정(intellectual property-related agreements) 및 그와 관련된 비밀유지약정(confidentiality agreement)도 포함된다.

③ 근로자의 청구

근로자는 회사 내부적으로 혹은 회사 외부에 대하여 각종의 청구를 할 수 있고, 이러한 청구는 대상 회사에 책임을 유발할 수 있다. 이러한 청구에는 반드시 공식적인 청구가 아니더라도 일터에서 책임을 유발하거나 혹은 그에 이르지 않더라도 회사의 명성에 부정적인 영향을 미치는 모든 불평, 청구 등이 포함된다.

④ 근로 관련 의무

특정한 임직원에게 유리한 보상 체계, 이례적인 임금, 이익, 퇴직금(severance payment)의 보장이 약정되어 있다면 이러한 내용들을 모두 실사팀에 알려야 한다.

⑤ 노조(Labor Union) 문제

노조가 조직되어 있는 사업의 경우 이와 관련된 많은 정보를 검토하여야 한다. 집단적 근로계약(collective bargaining agreements) 및 이와 관련된 이면약정(side agreements)을 검토하여야 한다. 이전에 노조가 요구하여 협상의 대상이 되었던 논의 등도 모두 제시되어야 한다. 노조를 통한 공식적 불만의 표출이 아니더라도 비공식적 집단행동 등도 모두 보고될 필요가 있다.

노조가 관련이 될 경우, M&A 거래는 노조에 대한 통지, 그 동의 등의 법률적 쟁점을 야기하므로, 이점에 대한 실사팀의 면밀한 주의가 필요하다.

9. 환경 및 안전(Environment and Safety)

대상 회사가 공장이 있는 경우 특히 이 부분을 잘 체크하여야 한다. 각종 환경관련법상 준수 내용을 검토하고, 회사가 관련 사항을 잘 준수하고 있는지를 검토할 필요가 있다. 관련된 제재조치가 있는지 등도 함께 검토하여야 한다.

10. 분쟁(Legal Disputes)

현재 진행 중인 소송 현황뿐만 아니라 향후 예측되는 분쟁을 검토한다. 이 문제를 검토할 때는 관련 경험이 풍부한 변호사가 분쟁을 분석한다. 이때의 분쟁은 법원에서의 소송뿐만 아니라 중재 등의 절차도 포함된다. 어떤 형태의 쟁송이든, 어떠한 절차에 있건, 수반되는 법률 비용이 보험으로 커버되는지를 불문하고 실사팀에 모두 보고될 필요가 있다.

11. 보험(Insurance Matters)

각종 보험의 가입현황, 강제 보험의 누락 현황, 조세 납부 현황과 향후 납부가 예상되는 조세의 종류나 규모, 세무조사 현황 등을 검토하여야 한다.

5 진술 및 보장(Representations and Warranties)

실사를 수행하는 변호사들은 본인들이 하는 일이 어디에 어떻게 반영되고 있는지 알 필요가 있다. 언급한 바와 같이, 실사는 거래가 불가능한 요소가 있는지 등을 검토하기 위하여서도 필요하지만, 계약 시에 회사의 현황과 관련되어 중요한 사항들을 확인해 두기 위하여서도 중요하다. 실사의 결과들은 계약서의 Representation and Warranty(진술 및 보장)에 반영된다(제6장. 진술 및 보장 조항 참조).

M&A 계약서

I. 중요성

　영국과 미국이 국제적 상거래의 주도적 역할을 수행하고 있으므로, 국제거래 때 체결되는 계약은 영미의 계약관행에 따르고 그 준거법(Governing Law)도 영미법으로 정하는 경우가 일반적이다. 영미의 계약관행은 당사자 간에 합의된 내용을 가능한 자세하고 명확하게 반영한 계약서를 작성한다.

　우리의 경우에도 오랫동안 법은 "사후적으로(ex post)" 발생한 분쟁을 해결하는 도구로 인식해 왔으며, 따라서 법조(Legal Profession)란 직역은 송무를 둘러싼 판사, 검사, 변호사의 업무로 일반적으로 이해되어왔다. 그러나 문제가 발생한 후의 분쟁해결 도구로서의 법의 역할은 적지 않은 단점을 안고 있다.

　먼저, 많은 비용과 시간이 든다. 법원이 판단을 내리기까지는 긴 시간이 들고, 여기에 관련된 당사자들은 많은 에너지와 비용을 써야만 한다. 또한 당사자가 원하는 바대로 법원의 판단을 얻었다손 치더라도, 당사자가 진정 원하는 바를 충분히 만족시키지 못하는 경우가 있다. 시기적으로 너무 늦어 적기(timely)의 권리구제가 되지 못한 경우이다. 다른 한편 법원의 판단에 따라 패소하는 당사자의 경우는 큰 손실을 입게 된다. 주체가 회사라면 소송의 패소에 따른 명예가 실추되게 되며, 이러한 명예의 실추는 회사의 주가 하락 등으로 이어진다. 이런 손실은 분쟁이 발생하기 전에 그 발생가능성을 적극적으로 모니터링 하였더라면 회피할 수 있는 것일 뿐만 아니라 사후적 법원의 패소 판단의 경우보다 더 적은 비용으로 위험을 모면할 수 있었을 것이다.

　바로 이러한 점 때문에 오늘날의 법조 직역에서는 분쟁을 사전적으로(ex ante) 예방하는 기능이 더욱 강조되고 있다. 금융산업을 중심으로 한 기업계에서 최근 키워드라 할 수 있는 리스크 관리에는 이처럼 법률적 분쟁이 발생하지 않도록 미리 점검하고, 모니터링하는 법률적 리스크 관리가 포함된다.

　이러한 측면에서 볼 때도, 계약서는 가급적이면 발생할 수 있는 분쟁의 여지를 상정하고 이 분쟁으로 법원에까지 가지 않도록 분쟁을 해소할 수 있는 관점이 반영되어야 한다. 최근의 계약 실무는 국문계약에서도 이와 같은 관점을 반영하고 있는 추세이다.

II. 구성

일반적으로 영문 계약서는 표제(Title), 당사자 표시, 전문(Premises), 본문(Body), 말미문언(Testimonium Clause), 서명(Signature), 첨부문서(Annex)로 구성된다.

1 Whereas Clause

계약서 도입부에는 계약서의 당사자 표시, 계약의 성격, 합의의 상호성, 약인 문구 등을 기재한다. 계약의 배경을 설명하는 조항(Whereas clause, Recitals)은 본격적인 계약의 내용이 아니라 계약을 체결하게 된 기초사실, 경위 등을 간단하게 표현하는 조항이지만, 계약 내용의 해석에 관하여 당사자 사이에 의견이 대립할 때 계약 내용의 일부로서 그 해석의 기준이 된다.

2 정의(Definitions)

정의 및 해석 조항은 계약에 등장하는 중요한 용어에 대하여 개념을 정의해 두는 부분이다.

Example

1.1 Definitions

In this Agreement:

Affiliate means a Subsidiary or a Holding Company of a person or any other Subsidiary of that Holding Company.

Agency Fee Letter means the letter dated on or about the date of this Agreement between the Facility Agent and the Borrower setting out the amount of the agency fee referred to in Clause [   ] (Agency fee).

Arrangement Fee Letter means the letter dated on or about the date of this Agreement between the Coordinating Arrangers and the Borrower setting out the amount of the arrangement fee referred to in Clause [   ] (Arrangement fee).

Business Day means a day (other than a Saturday or a Sunday) on which banks are open for general business in Hong Kong, Seoul and New York.

Commitment means:

(a) in relation to a Bank which becomes a Bank after the date of this Agreement, the amount of any other Bank's Commitment acquired by it under Clause [   ] (Changes to the Parties); and

(b) in relation to a Bank which is a Bank on the date of this Agreement, the amount in Dollars set opposite to its name in Schedule 1 and the amount of any other Bank's Commitment acquired by it under Clause [   ] (Changes to the Parties),

to the extent not cancelled, reduced or transferred under this Agreement.

Commitment Period means the period from the date of this Agreement up to and including the Term Date.

Consolidated Total Assets Amount means the amount of Total Assets as shown in the Original Accounts of the Borrower and its Subsidiaries and thereafter in the then latest audited consolidated account s of the Borrower and its Subsidiaries provided to the Facility Agent pursuant to paragraph (a) of Clause[　] (Financial information).

Default means an Event of Default or an event which, with the giving of notice, lapse of time, determination of materiality or fulfillment of any other applicable condition (or any combination of the foregoing), would constitute an Event of Default.

Dollars or U.S.$ means the lawful currency for the time being of the United States of America.

Designated Interest Period has the meaning given in Clause [　] (Default interest).

Drawdown Date means the date of the advance of the Loan.

Event of Default means an event specified as such in Clause [　] (Events of Default).

3 목적물과 대금(Purchase and Sale)

M&A 계약인 경우, 매매 조건(Purchase and Sale)이란 제목 하에 계약의 목적물과 양수도 대금에 관한 내용을 두는데, 계약의 목적물을 상세하게 규정하여야 한다.

영업양도의 경우에는 자산, 부채, 계약 관계나 거래관계 등 대상이 되는 영업내용을 구체적으로 표시하는데, 그 종류가 많기 때문에 대상을 별지(Schedule)에 첨부하는 경우가 많다. 주식양도의 경우에는 양도 대상인 주식의 종류와 수량을 기재한다. 합병의 경우는 당사자 회사의 주주들이 얻게 되는 대가를 포함하여 합병의 조건을 적시하게 된다.

양수도 대금은 영업양수도의 경우 이전되는 영업의 대가이며, 주식양도의 경우는 주식 대금이다. 주식양도는 주식 자체의 가격 이외에, M&A 경영권을 이전할 정도의 주식이 이전되는데 따르는 경영권 프리미엄(controlling Premium)이 덧붙여 지급된다. 대금 지급 조항에는 구체적인 금액을 적거나, 아니면 그를 정하기 위한 평가방법을 기재한다. 상황에 따라서 종결일에 가격을 조정할 수 있다는 근거 규정을 두고, 조정의 근거나 방법을 명시해 두기도 하며, 당사자 사이에 이견이 있는 경우 독립된 공인 회계사가 가격을 조정할 수 있는 근거 조항을 두기도 한다. 향후 발생할 수 있는 채무나 위험을 담보하기 위하여 Escrow Account 조항을 두는 경우도 있다. 주식양도의 경우 주권(Share Certificate)의 교부와 명의개서에 필요한 서류와 상환하여 대금을 지급하는 조건을 명시한다.

4 진술 및 보장(Representations and Warranties)

진술 및 보장 조항은 양수인에게 취득하는 사업이 어떠한 것인지를 제시해 준다. 통상 진술보장은 계약의 서명 시점(signing)과 종료 시점(closing), 이 두 시점을 기준으로 이루어진다(이에 관해서는 제6장. 진술 및 보장 조항에서 상설).

5 약정(Covenants)

본문은 일방 당사자가 상대방에게 부담하는 의무의 내용을 규정하는 부분과 계약 자체의 관리, 운영에 관한 사항을 정하는 관리규정으로 구분할 수 있다. 당사자의 의무를 약속적인 규정 방식으로 표현한 것을 "Covenant"라 한다.

여기에는 M&A가 완료된 후 일정기간 동안 양도인이 같은 종류의 혹은 유사한 영업을 수행하지 못하도록 하는 경업금지의무를 둔다. 또 양수인이 계약 체결 이후 각종의 신고, 인허가, 기술 이전 등 M&A 후속 절차를 원만하게 이행할 수 있도록 양도인이 협력하여야 한다는 협력의무 조항과 M&A 과정에서 정보가 외부로 유출되지 않도록 비밀유지협약(Confidentiality Provision)을 삽입한다.

Covenants에서는 딜의 방법이 영업양도인가, 주식의 양도인가에 따라 내용이 달라지는 부분이 있어 주의를 요한다.

1. 영업양도의 경우

M&A의 한 방법으로서 영업양도(Business Transfer)란 양도인이 양수인에게 영업에 관한 인적, 물적 조직을 유기적 일체로 그 전부 또는 일부를 양도하는 것을 가리킨다. 양수인이 주식을 취득하는 경우와 달리, 양수인이 대상 회사의 주주로서의 지위를 갖는 것이 아니다.

한편, 영업양도와 달리 포괄적으로 영업을 양수하지 않고, 구체적인 자산과 부채만을 특정하여 이전하기도 하는데 이를 자산양수도 계약(Asset Purchase Agreement)이라 한다. 주로 부실금융기관 정리 방법으로 사용되는 거래로서, 우량의 채권과 채무만을 양수인에게 이전하고, 고용이 승계되지 않는 방법으로 부실금융기관을 정리하는 방식인 자산 부채이전방식(Purchase of Assets and Assumption of Liabilities, 이른바 "P&A" 방식) 역시 자산양도의 방법이라 할 수 있다.

미국의 경우 M&A의 방법으로 구체적 거래의 태양을 주식 딜(stock deal) 또는 자산 딜(asset deal)로 구분할 뿐, 우리법과 같은 의미에서 영업양도의 구분을 알지 못한다. 미국법에 의할 때 우리의 영업양도에서와 같이 이전의 영업을 수행하기 위하여 영업을 포괄적으로 이전하는 거래는 자산 딜에 해당한다. 따라서 국제 거래의 경우 영업양도나 자산양도 모두 "Asset Purchase Agreement"의 타이틀로 체결되고, 이전되는 자산과 부채 등과 그렇지 않은 자산과 부채 등을 계약서에서 구체적으로 특정한다. 때문에 어떠한 계약이 영업양도인지 자산양수도에 해당하는지는 계약서의 제목이 아니라 계약서의 내용에 따라 정하여 진다. 계약의 내용상 영업양도에 해당하게 되면, 양수인에게 고용승계의무가 있고, 양도인은 경업의무를 부담하게 된다는 면에서, 자산의 양도와 법률적으로 구분된다.

검토 결과 영업양도의 방법으로 M&A를 수행하는 경우라면, 이러한 일반적 사항 이외에 몇 가지 주의할 사항이 있다. 이점은 영업양도의 방법으로 인수 및 합병을 진행할 경우 다른 방법에 의한 경우와 구분되어 세심하게 신경을 써야할 부분이므로, 구체적인 예를 들면서 다시 한 번 상설한다.

가. 이전 대상의 특정

우선 이처럼 영업의 이전과 관련하여 자산의 구체적 이전에 관한 조항이 필요하므로, 이전에 필요한 서류의 제공 등의 협력 의무, 채권양도의 통지의무, 채무이전 절차 등을 규정하여야 한다.

Example

Article [ ]. Sales and Purchase of Assets and Business

(a) Upon and subject to the terms and conditions of this Agreement, the Seller shall, on the Closing Date, sell, assign, transfer, convey and deliver to Purchase or cause to be sold, assigned, transferred, conveyed and delivered to the Purchaser, and the Purchaser shall purchase from the Seller, the Purchased Assets and the <u>Business as a going concern</u>[80] <u>free and clear (save as regards those items of Stock in respect of which the Seller has reserved title until payment) of</u>[81] all claims, liens, pledges, charges and other encumbrances whatsoever, but excluding from such sale and purchase the cash, the Book Debts and (for the avoidance of doubt) the Excluded Products.

---

80) 영업을 수행하고 있는 사업
81) free and clear of~: ~이 없는

나. 자산 등의 이전

영업양도는 합병과 달리 법률의 규정에 의하여 자산 등이 이전되는 경우가 아니고, 유기적 총체로서 영업을 이전하는 채권계약에 불과하므로 계약의 이행으로서 개별적 자산 등의 이전절차를 취하여야 한다. 따라서 계약서에 이와 관련된 내용이 필요하다.

Example

Article 5. Concerning Purchased Contracts

5.1. Prior to the Closing, the Seller shall secure all consents or novation[82]s necessary to transfer to the Purchaser the Purchased Contracts referred to in[83] Part [ ] of Schedule [ ] so as to permit the Purchaser to enforce such Purchased Contracts direct against the parties to them other than such Seller

5.2 Notwithstanding the provisions of Clause [ ], the Seller shall not be under an obligation to[84] secure consents to assign or novations of Purchased Contracts unless the same shall be specifically referred to in Part [ ] of Schedule [ ] hereof. As regards[85] the remaining[86] Purchased Contracts of the Seller shall use its best endeavors[87] to secure all consents or novations necessary to transfer such remaining Purchased Contracts to the Purchaser so as to[88] permit the Purchaser to enforce such Purchased Contracts to the Purchaser direct against[89] the parties to them other than the Seller. The use of such best endeavours shall include, but not limited to,

---

82) 경개
83) ~에 언급된
84) ~의 의무가 있다.
85) ~에 관하여
86) 남아있는
87) 최선을 다하다.

writing to each of the parties (excluding the Seller) to such remaining Purchased Contracts in a form[90] to be settled between the lawyers to the Seller. If notwithstanding the Seller's use of its best endeavours, the Seller is unable to secure such consents or novations the Seller and the Purchaser shall co-operate and do everything they reasonably can to procure that the full economic benefit of such Purchased Contracts is derived by the Purchaser and where this proves impossible the Purchased Contracts in question[91] shall, at the Purchaser's option, remain with and be responsibility[92] of the Seller.

자산뿐만 아니라 채무도 개별적 이전절차를 취하여야만 이전되므로, 이러한 내용이 계약서에 포함된다.

Example

Article 6. Concerning Liabilities and Book Debts

6.1 Except as provided in clause [ ] hereof[93], the Purchaser does not assume[94], an shall have no responsibility whatsoever[95] for, any liabilities where direct, indirect, known or unknown, contingent or otherwise o the Seller in respect of the Purchased Assets, the Business, the Transferring Employees or otherwise. The Seller agrees that it shall discharge[96] all payables relating to[97] Purchased Assets or Transferring Employees and discharge all such other liabilities of the Seller in accordance with[98] the

---

88) ~하기 위하여
89) ~에 대하여 직접 실행하다.
90) ~한 형식으로
91) 문제된(=at issue)
92) 책임
93) clause [ ]에 기재된 것을 제외하고

Seller's normal business practices save that[99] the Seller shall discharge forthwith[100] upon the request of[101] the Purchaser such payables as the Purchaser shall reasonably consider necessary to be discharged in order to preserve the Purchaser's title to[102] any of the Purchased Assets or to enable the Purchaser to obtain a continued supply of goods or services on no worse terms than the supplier gave to the Seller.

6.2 The book Debts belong to the Seller and do not form part of Purchased Assets.

다. 고용의 승계

우리법상 영업양도의 경우 양수인은 고용승계의무를 부담하므로, 고용승계는 영업양도 시 가장 중요한 문제 중의 하나이다. 따라서, 승계하는 고용관계를 분명히 하고, 체납 임금 등을 모두 정산하도록 한다.

통상 고용관계 전반을 승계하는 것으로 하여 두고, 협상에 의하여 승계를 원하지 않는 인력을 배제하기도 하는데, 이론적으로도 영업이라는 유기적, 총체적 일체를 훼손하지 않는 한도에서 일정한 인력 배제가 가능하다. 구체적 계약에 따라 포괄적으로 고용승계가 언급되기도 하지만, 이전하는 고용인의 리스트와 그 직급, 연봉을 상세하게 첨부하기도 한다.

영업양도는 근로자에게는 매우 중요한 변화이다. 영업양도 계약에 의하여 양수인이 고용을 승계하여 일단은 고용이 보장된다고 하더라도 만약 양수인이 이미 동

---

94) (채무를) 인수하다.
95) 여하한
96) 해소하다.
97) ~과 관련된
98) ~에 따라
99) ~을 제외하고(=except that)
100) 즉시
101) ~의 요청에 의해서
102) ~에 대한 소유권

종의 영업을 영위하고 있는 때에는 중복된 인력을 구조조정 할 가능성이 있다. 이 때문에 양도인의 노조측에서 양수인의 실사를 방해하기도 하고, 계약서에 일정 기간 이상의 장기고용보장 조항을 넣어줄 것을 요구하기도 한다.

한편, 양수인으로서는 양도인으로 하여금 근로자들의 영업양도에 대한 동의서를 받도록 하여, 분규를 미연에 방지하는 방법을 택하기도 한다.

Example

Article 7. Concerning Employees

7.1 Each of the Transferring Employees of the Seller set forth in[103] Schedule [ ] will be employed by the Purchaser with effect from the Closing and will be the responsibility of the Purchaser for the purposes of the Regulations. All other employees of the Seller shall remain the responsibility of the Seller as the case may be, for all purposes including, but not limited to, the purposes of the Regulations. The Seller shall defend, indemnify and hold harmless the Purchaser against[104] any and all losses, liabilities, costs and claims of unfair dismissal,[105] wrongful dismissal or otherwise in connection with[106] the employment or termination of employment of any of the employees or former employees of the Seller other than the Transferring Employees.

7.2 The Seller shall indemnify and keep indemnified the Purchaser against any claim for redundancy payments (net after deduction[107] of statutory rebate) protective awards, damages for wrongful dismissal or compensation for unfair dismissal or otherwise in connection with the termination of the

---

103) 기재된
104) ~를 ~으로부터 면책하다.
105) 해고
106) ~과 관련하여
107) 공제

employment of any of the Transferring Employees by the Seller on or before the Closing which is deemed to be an act of the Purchaser by virtue of[108] the Regulations and for all costs and expenses reasonably incurred by the Purchaser in settling, contesting or dealing with any such claim,

7.3. In the event that any of the Transferring Employees are made redundant by the Purchaser after the Closing, any payment to such redundant employee whether by virtue of such employee's period of employment by the Seller prior to the Closing or otherwise shall be the sole responsibility of the Purchaser,

7.4. On or before the Closing, the Seller shall cause [   ],[   ] and [   ] (the "Transferring Shareholders") to cease to be an officer or director of the Seller or any company in which the shareholders of the Seller or the Seller itself has any interest.

7.5. If up to[109] 10% of the Transferring Employees (other than those indicated with an asterisk in Schedule [ ]) are unable or unwilling to accept employment with the Purchaser this shall not constitute[110] a breach of any of the provisions or conditions in this Agreement.

위 7.5 조항은 고용이 승계되는 근로자가 양수인의 승계에 반대하더라도 그처럼 반대하는 근로자가 10%를 넘지 않는 한도에서는 그러한 반대가 계약 위반이 아님을 계약서에 명시하여 두고 있다. 양수인이 분쟁을 방지하기 위하여 양도인으로 하여금 고용승계에 대한 근로자의 동의를 받아두도록 하는 경우에 있어, 양도인이 승계되는 근로자의 동의를 100% 얻지 못하더라도 양도인에게 불이익이 가지 않도록 하는 보장책이라 할 수 있다.

---

108) ~에 의하여
109) ~까지는
110) 구성하다.

라. 경업의 금지

우리법상 영업양도의 경우 당사자 간에 달리 정하지 않는 한 영업양도인은 동일 시·군·구 또는 인접지역에서 10년간 경업이 금지된다.

Example

Article 12. Non-competition

12. 1 The Seller covenants with the Purchaser with the intent of[111] assuring to the Purchaser the full benefit and value of the Goodwill[112] and connections of the Business that :

12.1.1 it will not at any time during the period commencing on the Closing and ending five years after the Closing directly or indirectly and whether for its own account[113] or in partnership with another or others either as principal or agent of another deal with or engage in business with or be interested in any concern, undertaking, firm or body corporate with engages in or carries on within any party of [지역] or elsewhere outside [지역] where the Seller has sold Products any business which competes or seeks to compete with the Business or any extension thereof by the Purchaser involving products of a similar description or purpose to those of the Products.

12.1.2 it will not at any time during the period commencing on the Closing and ending five years after the Closing either on its of own account or for any other person firm or company employ or engage the services as director, employee or consultant of any of the Transferring

---

111) ~의 의도로
112) 영업권
113) ~자신의 계산으로

> Employees other than an unskilled worker (unless the contract of service of the Transferring Employee shall have been terminated by the Purchaser).
>
> 12.1.3 it will not at any time following the Closing divulge to any person or otherwise make use of secrets, trade secrets, confidential knowledge or information relating exclusively to the Business, and will use its best endeavors to prevent the publication or disclosure of any such secrets, knowledge or information by any third party.

마. 상호(Trade Name)의 속용

영업양수인이 양도인의 상호를 계속 사용하는 경우에는 양도인의 영업으로 인한 제3자의 채권에 대하여 양수인도 변제 책임을 진다. 양수인이 상호를 속용하더라도 영업양도 후 지체없이 양도인의 채무에 대한 책임이 없음을 상호등기부에 등기하거나, 양도인과 양수인이 지체없이 채권자에 대하여 그 뜻을 통지한 경우에는 채권자를 보호할 이유가 없으므로 양수인이 변제의 책임을 부담하지 않는다(상법 제42조). 이처럼 상호를 속용할 경우, 고지되지 않은 채무를 부담할 수 있으므로 이 점에 관하여서도 등기 등을 통하여 배제방안을 합의하기로 하고, 만약의 경우를 대비하여 양도인의 책임을 규정하여 두기도 한다.

양수인이 상호를 계속 사용하는 경우에는 그 상호의 계속 사용을 위한 양도, 사용료 등의 권리를 명시적으로 규정하며, 상호 등록의 이전이 필요한 경우에는 그에 관한 사항을 기재할 필요가 있다.

2. 주식양도-경영권의 이전 절차

언급한 바와 같이 우리나라에서는 주식양도가 M&A의 방법으로 가장 빈번히 사용되고 있다. 주식양도의 경우 약정 조항 부분에서 특히 유념할 사항을 몇 가지 짚어 보기로 한다. 우선 주식을 양도한 이후에도 회사의 경영권을 인수하기까지는 적지 않은 시간이 걸리는 경우가 많아 상세한 진술 및 보장이 작성된다(상세히는 제6장 진술 및 보장 조항 참조).

또한 주식양도의 궁극적 목표로서 경영권 이전은 단계적 절차를 밟아야 하는 작업이기 때문에, 이와 관련된 상세한 기재가 계약서에 마련되어야 한다. 이와 관련하여 경영권의 교체나 이전 시기 및 그 방법, 구 경영진에 대한 채무의 변제, 구 경영진의 의결권 행사의 제한 또는 위임 등에 관한 사항이 기재된다. 경영권이 이전되기 전에 기존 경영진이 회사에 손해가 날 수 있는 행동을 하게 되면, 그 손해는 고스란히 주식의 양수인에게 전가되므로, 경영사항의 변경, 조직이나 고용의 변경을 금지하고, 중요한 자산의 처분 등 주요한 거래를 하거나 회사의 자산이나 경영에 중대한 영향을 미치는 행동을 하는 경우 양수인에게 사전 동의를 구하도록 하는 조항을 두기도 한다.

아래 9.2는 양도인은 계약의 종결일까지 통상의 방법으로 영업을 수행하고, 양수인의 권리에 중대하게 부정적 영향을 끼칠 수 있는 행동을 할 수 없을 뿐만 아니라, 종결일까지 주주에 대한 배당(dividend)도 금하고 있다. 9.4는 양도인은 계약의 종결일까지는 주주로서 의결권을 행사할 수 있지만, 이 의결권의 행사는 이 계약의 목적에 협력하는 방향으로 이루어지도록 하고 있어, 양도 이후 임원의 선임 등의 문제에 관하여 양수인에게 협력할 의무를 부담시키고 있다.

Example

9.1 All Sellers' Officers or other employees shall, at the discretion[114] of Seller, remain in office until the Closing Date.

9.2 Seller shall cause all Seller's Officers or other employees, who shall remain in office until Closing Date, to conduct business in the ordinary way and to refrain from taking any course of action which would have the effect of materially and adversely affecting[115] Purchaser's rights under this Agreement. Without limiting the generality of the forgoing no dividends shall be declared or paid from [날짜] until Closing.

9.3 Seller shall give written notice to Purchaser, as soon as possible[116] but in any event within five (5) days after occurrence, of any event or matter which has resulted or might result in a material adverse change in the Company's operations or financial condition or which means that Seller has breached the terms of this Agreement.

9.4 Seller shall be entitled to exercise the voting rights[117] as to[118] the Shares at any general meeting of shareholders to be held[119] until the Closing Date. Seller hereby agrees that it will exercise such voting rights in the cooperative spirit and in compliance with the provisions of this Agreement.

6 관리 규정(Operative Provision)

관리규정(operative provision)에는 계약의 변경(modification), 양도(assignment), 통지(notice), 손해배상의 예정(Liquidated Damages), 준거법(Governing Law), 관할 합의 등 분쟁의 해결에 관한 사항, 일부 무효의 효력에 관한 조항(severability of invalid provisions), 완전계약 조항(entirety of agreement) 등이 포함된다.

계약서 마지막에는 당사자 본인이나 그 대리인이 서명한다. 대리인 서명의 경우에는 이름 앞에 "for" 또는 "on behalf of" 등의 문언을 붙여 그가 대리인임을 표시한다. 이때 대리권을 확인하기 위하여 위임장(Power of Attorney)을 첨부하며 대표권이 있는 경우에는 권한 증명서(Certificate of Authority)를 첨부하기도 한다.

---

114) ~의 재량으로
115) 중대하게 부정적 영향을 끼치는
116) 가능한 한 빨리
117) 의결권을 행사하다.
118) ~에 관한
119) 개최되다.

7   종결 조건(Closing Conditions)

유효하게 성립한 계약이라도 조건이 성취되지 않으면 이행의무가 면제될 수도 있다. 우리 민법은 조건을 법률행위의 발생(정지 조건) 또는 소멸(해제 조건)하게 하는 그 성취 여부가 불확실한 장래의 사실로 규정한다.

영미법에서는 발생 여부가 불확실한 장래의 사실(event)로 보는 점은 우리와 동일하지만 그 범위를 보다 확장하여 당사자의 이행의무의 발생의 전제가 되는 모든 사항을 조건으로 본다. 예를 들어 일방 당사자의 의무이행이 다른 당사자의 의무이행에 선행되어야 하는 경우 그 일방 당사자의 의무이행[120]도 조건의 하나로 보고 있다. 따라서 조건은 선행 조건(condition precedent), 후행 조건(condition subsequent), 동시이행 조건(condition concurrent)으로 구분된다.

선행 조건은 이행의무가 발생하기 위하여 조건인 사실이 먼저 성취되어야 하는 조건을, 후행 조건은 사실이 성취되면 이미 효력을 발생한 이행의무가 소멸되는 조건을, 동시이행조건은 상대방의 의무 이행을 요구하기 위해서는 먼저 가신의 의무를 변제 제공하여야 하는 관계를 가리킨다. 선행조건과 동시이행 조건의 경우는 원고(plaintiff)가 그 조건 성취에 대하여 입증책임이 있는 반면, 후행 조건의 경우는 피고(defendant)가 조건이 성취되어 의무가 면제되었음을 입증하여야 한다.

M&A 계약에서 당사자들은 계약 종결의 선행 조건을 걸어, 계약의 완전한 이행을 담보하고, 필요한 경우 계약의 구속력으로부터 해방될 수 있도록 하고 있다. 거래 종결 조건인 Closing Condition에 어떤 조건들을 부가할 것인가는 구체적 딜마다 상위하지만, 대체로 i) 진술 및 보장의 정확성, ii) 종결 이전에 이행하기로 한 약정의 이행, iii) 딜에 대하여 정부의 인허가 등이나 제3자의 동의가 필요한 경우 그 인허가와 동의의 획득, 및 iv) 금융서비스를 얻을 것, 인수자가 만족할 만한 실사의 수행, 근로계약 승계의 문제 해결 등을 그 조건으로 설정한다. 또한 v) 거래 주체가 유효하게 거래를 승인하였고, 거래가 관련법을 위반하지 않았을 뿐만 아니라 집행가능하다(enforceable)는 변호사의 의견서(legal opinion)의 제출을 Closing

---

[120] 우리의 경우 이를 동시이행의 항변권으로 본다.

Condition에 붙이는 것이 일반적이다(이에 대하여는 제9장. 변호사 의견서 부분 참조).

아래 주식양도거래에서 Closing condition을 살펴보면, 주식양수를 통하여 주주가 되면 그 주주는 대체로 기존의 경영진을 해임하고 새로운 경영진을 선임한다. 이러한 과정을 특별한 문제없이 이행하기 위하여 양도인의 임원이 사임서를 제출하고, 이러한 사임으로 인하여 양수인이 손해배상 등을 부담하지 않도록 확인을 받아두고, 양도인의 진술 및 보장 내용이 진실하고 정확할 것을 선행조건으로 하고 있음을 알 수 있다.

Example

3. Closing

3.1 Subject to the provisions of Article 5 below, the closing ("Closing") of the share transfer transaction contemplated hereunder shall take place in _, on or prior to [   ] or such other later date mutually agreed upon between the parties[121] (such date is hereinafter referred to as the "Closing Date").

3.2 At the Closing Date, the parties shall take the following actions:

(a) Seller shall deliver the share certificates[122] representing[123] the Shares;

(b) Purchaser shall cause the total amount of the Purchase Price in immediately available funds to be transferred to Seller's designated[124] bank account, in accordance with written instructions to be provided by Seller; and

(c) All directors and the statutory auditor nominated[125] by Seller ("Seller's Officers") shall submit to the Company letters of resignation[126]

---

121) 당사자가 협의한 다른 어떤 날에
122) 주권을 교부하다.
123) 표창하는
124) 지정된
125) 지명된

whereby they resign from the offices of directors and statutory auditor of the Company. Seller's Officers shall have no claims or demands of any kind against the Company or Purchaser as a result of any such resignation and Seller shall indemnify Purchaser against any payment made as a result of any such claim or demand.

5. Conditions Precedent to Purchase of the Shares

All obligations of Purchaser to acquire the Shares from Seller pursuant to this Agreement are subject to and conditioned upon fulfill of each of the following conditions:

(a) All government approvals of this Agreement have been obtained and the Company has obtained approval under the Alien Land Acquisition Law (collectively "Government Approvals"), all in form and substance satisfactory to Purchaser and all other requirements under applicable law have been complied with;

(b) Purchaser is satisfied that all representations and warranties and agreements made by Seller and/or the Company under this Agreement were true when made and are true and accurate in all respects as of the Closing Date;

(c) Purchaser is satisfied, in its sole discretion, with its due diligence review of the Company and the environmental audit of the Company;

(d) <u>Purchaser's Board of Directors has approved this Agreement</u> and the investment in the Shares as contemplated herein; and

(e) Seller is otherwise in compliance with the terms and conditions of this Agreement.

---

126) 사임서

8 면책(Indemnification)

진술보장의 부정확성, 약정의 위반 등의 경우 당사자가 협상에 의하여 일방 당사자가 타방 당사자를 면책(indemnification)하도록 정하는 조항이다. 예를 들어, 양도인이 일정한 리스크를 별첨에 공개한 경우 양수인은 그 위험은 양도인이 부담할 것을 요청하는 경우이다. 양수인은 흔히 양도인이 계류 중인 소송, 불법행위책임, 계약위반, 기타의 법규위반 등으로 인한 책임 중 계약 종료 이전에 발생한 책임을 양도인이 부담할 것을 요구한다. 한편, 양도인은 영업양도로 인수된 채무에 대하여서는 양수인이 그를 면책해 줄 것을 주장한다.

면책 조항을 둘러싸고 매매 목적물에 대한 책임으로부터 해소되고자 하는 양도인의 희망과 가급적이면 오랜 기간 목적물에 대하여 발생한 책임을 담보받고자 하는 양수인의 희망이 교차하기 때문에, 당사자들은 심각한 협상을 벌이기도 한다. 이러한 긴장은 면책되는 기간뿐만 아니라, 면책 금액, 면책 사유에 대하여서도 발생한다. 면책의 절차 또한 협상에 따라 달라진다. 이 때문에 계약서에 면책과 관련된 상세한 내용이 포함된다.

Example

Indemnification

6.1. Survival; Effect of Materiality Qualifiers.

(a) The representations and warranties of Seller and Purchaser contained in Article [ ] shall survive[127] the Closing and will remain in full force and effect[128] until the date that is 12 months after the Closing Date, at which time they will terminate (and no claims with respect to such representations and warranties shall be made by any Person for indemnification thereafter), except that the representations and warranties contained in (i) Section[ ](Environmental Matters) and [ ] (Prohibited Payments) shall survive the Closing and remain in full force and effect until the date that is three years after the Closing Date, (ii) Section[ ] (Taxes) shall survive the Closing and shall terminate 30 days after the expiration of the applicable statute of limitations[129] and (iii) Sections[ ] (Ownership[130] of Global, Holding and Company Shares), [ ] (Capitalization) and [ ](ii) (Subsidiary[131] Equity[132] Interests) (collectively, the "Fundamental Seller Representations") and in Section[ ] (Purchaser Shares) (collectively, the "Fundamental Purchaser Representations") shall survive the Closing until the date that is 10 years after the Closing Date. All covenants and other agreements in this Agreement to the extent that[133] by their terms are to be perform[134]ed prior to[135] the Closing shall survive the Closing until the date that is 12 months after the Closing Date, at which time they shall terminate (and no claims with respect to[136] such covenants and agreements shall be made by any Person for indemnification thereafter) and all other covenants and agreements in this Agreement shall survive the Closing indefinitely.

위 조항처럼 진술 및 보장 조항 중 중요한 내용은 계약의 종료 후에도 수년간 존속하는 것으로 특약을 한다. 본 계약은 내용의 중요도에 따라 3년 또는 10년으로 그 존속기간을 구분하여 정한다. 이러한 존속 기간은 다음에서 정하는 면책의

---

127) ~이후에도 존속하다.
128) 유효하게 존속하다.
129) 소멸시효
130) 소유권
131) 자회사
132) 지분
133) ~의 한도에서
134) 계약을 이행하다.
135) ~이전에
136) ~에 관하여

주장 제한과도 연계되어 있다.

> (b) In determining whether any representation or warranty in this Agreement was true and correct as of[137] any particular date and the amount of any Damages in respect of the failure of any such representation or warranty to be true and correct as of any particular date, any qualification or limitation as to materiality (whether by reference to material adverse effect or otherwise) or knowledge contained in such representation or warranty shall be disregarded (other than in the case of the representation and warranty contained in Section [ ], as to which such qualifications and limitations shall not be disregarded).

진술 및 보장 조항에서 그 진술 및 보장을 하여 주는 계약 주체로서는 가급적이면 그 범위를 축소하여 향후 책임을 줄이고자 한다. 이러한 목적으로 진술 및 보장의 주체는 그 내용에 "중요한"의 제한을 두기 위하여 "material" 또는 "양도인(양수인, 회사)가 (최대한) 아는 한도 내에서"의 제한을 두기 위하여 "to the (best) knowledge of the Seller(Purchaser, the Company)"의 comment를 하곤 한다.

면책 조항에서는 이러한 제한을 없애고 결과적으로 면책 받는 범위를 확장하고자 하는 시도와 여전히 이러한 제한을 두어 그 범위를 좁히려는 이해관계가 충돌한다. 본 계약서는 일부 조항을 제외하고, 이러한 제한을 없애는 쪽으로 도안되어 있다.

> 6.2. Indemnification.
>
> (a) From and after the Closing, Seller shall <u>indemnify and save and hold harmless Purchaser and its Subsidiaries and their respective officers,</u>

---

[137] ~의 날짜에

directors and Affiliates (collectively, the "Purchaser Indemnitees") from and against[138] any and all demands, claims, actions or causes of action, assessments, losses, damages, liabilities, diminution in value, costs and expenses, including interest, penalties[139] and reasonable attorneys' fees and expenses,[140] in each case on a basis net of any actual benefit ("Damages"), resulting from, arising out of, or incurred in connection with[141]: (ⅰ) any failure of any representation or warranty made by Seller to be true and correct or any nonfulfillment,[142] violation or breach of the covenant set forth in Section [ ] (Business Plan; Capital Expenditures); (ⅱ) any nonfulfillment, violation or breach[143] of any covenant or agreement made by Seller in this Agreement (other than Section [ ] (Business Plan; Capital Expenditures)), in each case existing as of the Closing; and (ⅲ) Excluded Liabilities. The Purchaser Indemnitees shall not be entitled to assert[144] any indemnification pursuant to Section [ ] after the expiration of the applicable survival period referenced in Section 6.1; provided, that if on or prior to such expiration of the applicable survival period a notice of claim shall have been given to Seller pursuant to Section6.3 for such indemnification, the Purchaser Indemnitees shall continue to have the right to be indemnified with respect to the matter or matters to which such claim relates until such claim for indemnification has been satisfied or otherwise resolved.

---

138) indemnity (and save) and hold harmless A from and against B: A를 B로부터 면책하다.
139) 벌금
140) 변호사 비용
141) ~과 관련하여 발생한
142) 불이행
143) 위반
144) 주장하다.

구체적 진술 및 보장 조항의 존속기간을 특별히 정한 경우에는 그 기간이 만료되면 면책의 주장의 근거 역시 종료되지만, 기간의 만료 전에 양도인에게 면책이 청구되면 면책이 가능하다.

> (b) From and after the Closing, Purchaser shall indemnify and save and hold harmless Seller and its Subsidiaries and their respective[145] officers,[146] directors and Affiliates (collectively, the "Seller Indemnitees") from and against any and all Damages resulting from, arising out of, or incurred in connection with: (ⅰ) any failure of any representation or warranty made by Purchaser to be true and correct; and (ⅱ) any nonfulfillment, violation or breach of any covenant or agreement made by Purchaser in this Agreement, in each case existing as of the Closing. The Seller Indemnitees shall not be entitled to assert any indemnification pursuant to Section [ ] after the expiration of the applicable survival period with respect to inaccuracies in or breaches of the representations and warranties of Purchaser referenced in Section6.1; provided, that if on or prior to such expiration of the applicable survival period a notice of claim shall have been given to Purchaser pursuant to Section [ ] for such indemnification, the Seller Indemnitees shall continue to have the right to be indemnified with respect to the matter or matters to which such claim relates until such claim for indemnification has been satisfied or otherwise resolved.
>
> **6.3. Indemnification Procedures.**
>
> (a) If an indemnified party shall desire to assert any claim[147] for indemnification provided for under this ArticleⅥ in respect of, arising

---

145) 각각의
146) 임원

out of, or involving a claim or demand made by any Person (other than a party hereto or Affiliate thereof) against the indemnified party (a "Third-Party Claim"), such indemnified party shall notify Purchaser or Seller, as the case may be (the "Indemnifying Party"), in writing of such Third-Party Claim, the amount or the estimated amount of Damages sought thereunder to the extent then ascertainable[148] (which estimate shall not be conclusive of the final amount of such Third-Party Claim), any other remedy sought thereunder, any relevant[149] time constraints relating thereto and, to the extent practicable, any other material details pertaining thereto[150] (a "Third-Party Claim Notice") promptly after receipt by such indemnified party of written notice of the Third-Party Claim; provided, however, that failure to provide a Third-Party Claim Notice shall not affect the indemnification obligations provided hereunder except to the extent the Indemnifying Party shall have been actually prejudiced as a result of such failure. The indemnified party shall deliver to the Indemnifying Party, promptly after the indemnified party's receipt thereof, copies of all notices and documents (including court papers) received by the indemnified party relating to the Third-Party Claim; provided, however, that failure to provide any such copies shall not affect the indemnification obligations provided hereunder except to the extent the Indemnifying Party shall have been actually prejudiced as a result of such failure.

(b) If a Third-Party Claim is made against an indemnified party, the Indemnifying Party will be entitled to participate[151] in the defense thereof and, if it

---

147) 청구권
148) 확인할 수 있는
149) 관련되는
150) 그에 관련된
151) 참가하다.

so chooses and acknowledge[152]s without reservation its obligation to indemnify the indemnified party therefore, to assume the defense thereof with counsel selected by the Indemnifying Party and reasonably satisfactory to the indemnified party; provided, that, notwithstanding[153] anything in this Agreement to the contrary, Seller shall not be entitled to assume the defense of any Third-Party Claim by a Taxing Authority to the extent that such defense cannot be severed from a proceeding by the same Taxing Authority relating to the Company or any of its Subsidiaries for any taxable period (or portion thereof) ending on or after the Closing Date. Should the Indemnifying Party so elect to[154] assume the defense of a Third-Party Claim, the Indemnifying Party will not be liable to the indemnified party for legal expenses subsequently incurred by the indemnified party in connection with the defense thereof, unless the Third-Party Claim involves potential conflicts of interest or substantially different defenses for the indemnified party and the Indemnifying Party, in which case the Indemnifying Party will be liable to the indemnified party for the expenses of one counsel and, if necessary, local counsel. If the Indemnifying Party assumes such defense, the indemnified party shall have the right to participate in defense thereof and to employ counsel, at its own expense[155] (except as provided in the immediately preceding sentence), separate from the counsel employed by the Indemnifying Party. The Indemnifying Party shall be liable for the fees and expenses of one counsel and, if necessary, local counsel, employed by the indemnified party for any period during which the Indemnifying Party has not assumed the defense

---

152) 인정하다. 승인하다.
153) ~에도 불구하고
154) ~하기로 결정하다.

thereof and as otherwise contemplated by the two immediately preceding sentences. If the Indemnifying Party chooses to defend any Third-Party Claim, the other party shall cooperate in the defense or prosecution[156] thereof. Such cooperation shall include the retention[157] and (upon the Indemnifying Party's request) the provision[158] to the Indemnifying Party of records and information that are reasonably relevant to[159] such Third-Party Claim, and the use of reasonable efforts to make employees available on a mutually convenient basis to provide additional information and explanation of any material provided hereunder. Whether or not the Indemnifying Party shall have assumed the defense of a Third-Party Claim, the indemnified party shall not admit any Liability with respect to, or settle, compromise or discharge, such Third-Party Claim without the Indemnifying Party's prior written consent[160] (which consent shall not be unreasonably withheld or delayed). The Indemnifying Party may pay, settle or compromise a Third-Party Claim without the written consent of the indemnified party, so long as such settlement includes (ⅰ) an unconditional release of the indemnified party from all Liability in respect of such Third-Party Claim; (ⅱ) does not subject the indemnified party to any injunctive relief[161] or other equitable remedy;[162] and (ⅲ) does not include a statement or admission of fault, culpability[163] or failure to act by or on behalf of any indemnified party; provided, that in the case of a Third-Party Claim by a Taxing Authority, Seller shall not pay, settle or compromise such claim without the written consent of Purchaser (which consent shall not be unreasonably delayed, conditioned or withheld) to the extent such Third-Party Claim would reasonably be

---

155) 그 자신의 비용으로
156) 기소

expected to result in an increase in the Tax liability of the Company or any of its Subsidiaries for any taxable period (or portion thereof) ending on or after the Closing Date.

(c) If an indemnified party shall desire to assert any claim for indemnification provided for under this Article VI other than a claim in respect of, arising out of, or involving a Third-Party Claim (a "Direct Claim"), such indemnified party shall promptly notify the Indemnifying Party in writing of such Direct Claim, the amount or the estimated amount of Damages sought thereunder to the extent then ascertainable (which estimate shall not be conclusive of the final amount of such Direct Claim), any other remedy sought thereunder, any relevant time constraints relating thereto and, to the extent practicable, any other material details pertaining thereto (a "Direct Claim Notice"); provided, however, that the failure to give such notification shall not affect the indemnification provided for hereunder except to the extent the indemnified party shall have maliciously failed to give such notice and the Indemnifying Party shall have been actually prejudiced as a result of such failure. The Indemnifying Party shall have a period of 30 days within which to respond to any Direct Claim Notice or any Third-Party Claim Notice. If the Indemnifying Party does not respond within such 30-day period, the Indemnifying Party will be deemed to have accepted such claim. If the Indemnifying Party rejects all or any part of such claim, Seller and

---

157) 보유
158) 제공
159) ~에 관련되는
160) 사전 서면 동의
161) 유지명령에 의한 구제
162) 형평법상의 구제
163) 유책성

Purchaser shall attempt in good faith for 30 days to resolve such claim. If no such agreement can be reached[164] through good faith negotiation within 30 days, either Purchaser or Seller may commence an action[165] in accordance with Section 8.3.

6.4. **Limitations on Indemnification.**

(a) (i) Seller shall have no liability for any claim for indemnification pursuant to[166] Section [   ] if the Damages for which the Indemnifying Party would be responsible for such claim and all related claims are less than the applicable De Minimis Amount[167]. Seller shall have no liability for indemnification pursuant to (i) Section [   ] with respect to Damages for which indemnification is provided thereunder unless (A) the aggregate amount of such Damages (excluding all Damages associated with claims less than the applicable De Minimis Amount) for a claim and all related claims with respect to the particular representation being evaluated exceeds the Specified Deductible, if applicable, and (B) the aggregate amount of such Damages (excluding all Damages associated with claims less than the applicable De Minimis Amount and excluding all Damages to the extent less than the Specified Deductible, if applicable, and including any Damages in excess thereof) exceeds $500,000,000.00 (the "Threshold" [168]), in which case Seller shall be liable for all such Damages (excluding all Damages associated with claims less than the applicable De Minimis Amount and excluding all Damages to the extent less than the Specified Deductible, applicable, and including any Damages in excess

---

164) 그러한 합의에 이르다.
165) 조처를 취하다.
166) (계약이나 법률의 조항 등)에 따라서, 의거해서

thereof); and (ii) Section [ ] (a)(iii) with respect to Damages for which indemnification is provided thereunder unless the aggregate amount of such Damages exceeds $15,000,000.00; provided, that the cumulative aggregate liability for all Damages pursuant to Section [ ] shall not exceed an amount equal to $9,750,000,000.00 (the "Seller Cap"). The limitations in this Section [ ] shall not apply to any Damages as a result of inaccuracies in the Fundamental Seller Representations, and any such Damages shall not be counted in determining the Threshold or the Seller Cap.

(ii) "De Minimis Amount" shall mean: (1) $5,000,000.00 with respect to the failure of representations and warranties of Seller set forth in Sections [ ] (Litigation), [ ]) (Environmental Matters) or [ ] (Intellectual Property) to be true and correct; and (2) $1,000,000.00 with respect to the failure of all other representations and warranties of Seller to be true and correct.

(iii) "Specified Deductible" shall mean: (1) $5,000,000.00 in the aggregate with respect to all failures of the representations and warranties of Seller set forth in Section [ ]) (Insurance) to be true and correct; (2) $10,000,000.00 in the aggregate with respect to all failures of the representations and warranties of Seller set forth in Section [ ] (Intellectual Property) to be true and correct; (3)$15,000,000.00 in the aggregate each with respect to all failures of the representations and warranties of Seller set forth in Section [ ](Compliance with Laws) and Section [ ] (Absence of Certain Changes) to be true and correct; (4)$25,000,000.00 in the aggregate each with respect to all failures of

---

167) 최소한의 금액
168) 한계

the representations and warranties of Seller set forth in Section [ ]) (Litigation), Section [ ]) (Environmental Matters), Section [ ] (Material Contracts) and Section [ ] (Sufficiency and Ownership of Assets; Business) to be true and correct; and (5)$50,000,000.00 in the aggregate with respect to all failures of the representations and warranties of Seller set forth in Section [ ](ⅱ) (Undisclosed Liabilities) to be true and correct. (ⅳ) Notwithstanding the $5,000,000.00 De Minimis Amount applicable to the failure of the representations and warranties of Seller set forth in Section [ ] (Environmental Matters), Damages for a claim and all related claims in connection with such failure in excess of $1,000,000.00 shall be counted in determining whether the Specific Deductible applicable to the representations and warranties of Seller set forth in Section [ ] (Environmental Matters) has been exceeded.

(b) Purchaser shall have no liability for any claim for indemnification pursuant to Section [ ] if the Damages for which the Indemnifying Party would be responsible for such claim and all related claims are less than the De Minimis Amount. Purchaser shall have no liability for indemnification pursuant to Section [ ] with respect to Damages for which indemnification is provided thereunder unless the aggregate amount of such Damages (excluding all Damages associated with claims less than the De Minimis Amount) exceeds the Threshold, in which case Purchaser shall be liable for all such Damages (excluding all Damages associated with claims less than the De Minimis Amount); provided, that the cumulative aggregate liability for all Damages pursuant to Section [ ] shall not exceed[169] an amount equal to the product of (ⅰ)$39,000,000,000.00 less the Cash Consideration

---

169) 초고하다.

> (including as adjusted pursuant to Section2.2(c)), <u>multiplied</u> by (ⅱ)0.25 (the "<u>Purchaser Cap</u>"). The limitations in this Section [ ]shall not apply to any Damages as a result of inaccuracies in the Fundamental Purchaser Representations, and any such Damages shall not be counted in determining the Threshold or the Purchaser Cap.

면책 조항은 관련되는 손해가 일정 금액 이상인 경우에만 작동하도록 장치해 두는 경우가 많은데, 이때의 금액을 "De minimuis Amount"라 표현하고 있다. 위 예시문은 사유의 중대성에 따라 그 금액을 달리 정하고 있다.

9 권리 구제(Remedies)

이행의 정도와 관련하여, Common Law는 채무의 실질적 내용을 충족할 정도로 이행하면 계약상 의무를 이행한 것으로 보되, 상대방은 완전한 이행이 되지 않아 입은 손해만큼을 배상청구 할 수 있다(Substantial Performance Rule). 반면, U.C.C는 계약의 내용과 완전히 일치하도록 이행의 제공(Tender of Performance)이 되어야 한다고 보는데(Perfect Tender Rule), 이러한 엄격한 해석의 결과 초래될 수 있는 가혹한 결과를 완화하기 위하여 상대방에게 인도 후 상당한 기간 내에 하자를 치유할 수 있는 기간(Grace Period)을 부여하여야 한다.

계약위반이 있는 경우 상대방은 손해배상(damages) 청구권, 계약 취소권(rescission)과 원상회복 청구권(restitution), 특정이행 청구(specific performance)권 등의 권리를 갖는다. 손해배상과 관련하여 Common Law에서는 배상대상인 손해(compensatory damages)를 계약이 그 내용대로 이행되었다면 상대방이 놓여질 상황과 동일하게 (put aggrieved party in a position he would have been, had the promise been performed)되어야 한다고 보면서, 그 손해는 결과적 손해(consequential damages)

와 부수적 손해(incidental damages), 기대이익의 손해(expected damages)를 포함하는 것으로 보고 있다. 이때 부수적 손해란 계약의 체결 및 이행준비 등에 든 비용을 말하고, 기대이익의 손해는 계약이 불이행됨으로써 얻지 못하게 된 계약상의 이익(benefit of bargain)을 의미하며, 이들 손해는 입증되는 한 전액 배상의 대상이 된다. 손해를 계약위반으로부터 직접 발생한 손해인 실질적 손해 또는 일반적 손해(actual damages, general damages)와 그러한 손해가 아닌 결과적 손해 또는 특정 손해(consequential damages, special damages)로 구분하고 전자는 모두 배상됨이 마땅하지만, 후자는 계약 당시 상대방 당사자의 입장에서 합리적인 제3자가 예견할 수 있었던 손해(damages which reasonable person in the aggrieved party's position would have foreseen at the time of entry into the contract)만이 배상의 범위에 포함된다고 보고 있다.[170]

한편 손해배상액의 예정(Liquidated Damages)은 우리 민법상 유효한 약정이지만, 부당하게 과다한 예정액은 법원이 재량으로 감액할 수 있도록 되어 있다. 한편, 위약금의 약정(penalty, Punitive Damages)은 당연 무효는 아니고, 손해배상액의 예정인 것으로 추정한다. 영미법도 손해배상액의 예정을 유효하다고 본다. 그러나 당사자를 제재할 목적으로 정한 위약금은 당사자의 자유의사를 제약하므로 당연 무효로서 강제할 수 없다고 해석한다. 따라서 당사자 간에 계약 불이행시 배상하기로 예정한 금액이 손해배상액의 예정으로 해석되느냐 위약금으로 해석되느냐에 따라 큰 차이가 있다.

---

[170] 한국수출입은행, 「영문국제계약해설」(신신문화인쇄주식회사, 2006), 45면.

진술 및 보장 조항
(Representations and Warranties)

I. 의미와 기능

　진술 및 보장(Representations and Warranties) 조항은 매도인과 매수인 사이에 매매계약의 당사자와 그 목적물에 대한 일정한 사항을 상대방에게 진술하여 확인하고 그 내용을 보장하는 조항이다. M&A는 현실 세계에서 영업을 수행하는 경제주체를 이전하는 것이 그 실질이기 때문에 기업을 둘러싼 다양하고 복잡한 법률관계가 쟁점이 된다. 이 때문에 진술 및 보장 조항이 매우 복잡하고 중요하다.

　진술 및 보장 조항은 구체적으로 어떤 역할을 하는가? 크게 두 가지로 요약될 수 있다. 먼저 인수인의 실사 내용을 확인하고 보충해 준다. 인수인은 기본적으로 대상 회사에 대한 정보를 언급한 바와 같이 실사를 통하여 얻지만, 실사를 통하여 필요한 정보를 모두 얻는 데는 한계가 있다. 진술 및 보장 조항은 대상 회사가 그 자신에 관한 일정한 사항 등을 진술 및 보장함으로써 거래에 중요한 정보를 상대방에게 공시(disclosure)하게 됨을 의미한다. 공시는 그 원칙상 공시한 상대방을 책임으로부터 자유롭게 하여 주는 기능을 한다. 이처럼 매도인으로서는 공시를 통하여 면책(indemnification)의 효과를 향유할 뿐만 아니라, 진술 및 확인 조항의 정확성은 거래 종결의 선행 조건(condition precedent to the Closing)이므로, 매도인으로서는 정확한 진술 및 보장을 통하여 계약을 성사시키고 법률적 책임을 면할 충분한 유인을 갖는다. 매수인으로서는 공시된 회사의 정보를 통하여 거래를 성사시키기 위하여 장애가 되는 요소를 제거해 나갈 수 있고, 회사에 대한 충분한 정보를 파악한 상태에서 협상(negotiation)에 임할 수 있다.

　뿐만 아니라, 진술 및 보장은 당사자 사이에 거래와 관련된 위험(risk)을 어떻게 배분할 것인지를 정한다. 진술 및 보장이 부정확한 경우, 양도인은 그 부정확함으로 인하여 양수인이 부담하게 되는 손해와 비용을 부담하여야 한다. 진술 및 보장은 어떠한 문제점이나 문제가 될 수 있는 사실이 존재하지 않는다는 형식으로 이루어지는데, 여기에는 예외를 두게 되며, 이러한 예외는 첨부(Schedule)에 일반적으로 기재한다.

주식양도거래에서 진술 및 보장은 일반적으로 ⅰ) 양도인(주식양도나 합병의 경우에는 대상 회사를 포함하며, 협상에 따라서는 자회사가 포함되기도 한다)가 적법하게 설립되었다는 점, ⅱ) 거래를 위하여 필요한 승인(이사회 결의나 주주총회의 승인 등)을 얻었다는 점, ⅲ) 회사의 자본 현황, 재무상황, 자산에 대한 소유권, 사업 수행에 있어 자산의 상태, 분쟁, 채권이나 재고, 조세나 근로관계, 지적 재산권, 환경 등에 별첨으로 제시된 문제를 제외하고 특별한 문제점이 없음을 확인한다.

II. 진술 및 보장 조항에 대한 협상

진술 및 보장 조항에 대한 협상 역시 다른 협상과 마찬가지로 두 당사자의 이익이 교차한다. 매도인은 대상 회사의 상황에 대한 진술 및 보장의 범위를 줄여 책임 소재를 줄이고, 가격 협상에서 불리한 상황에 처하는 것을 막고자 한다. 반면, 매수인으로서는 당연히 대상회사의 상황과 문제점 등에 관하여 가능한 한 넓은 범위의 진술 및 보장을 받고자 한다.

양도인은 이에 대한 방편으로 양수인에게 광범위한 실사를 하도록 하여, 넓은 범위의 진술 및 보장을 주는 것을 막기도 한다. 하지만, 언급한 바와 같이 실사가 진술 및 보장 조항을 대체하지 못한다. 실사는 대부분 양도인이 제공하는 양도인의 진술이나 자료에 기초하기 때문에, 양도인의 진술이나 자료가 정확하지 못하다면 그 역할이 제한적일 수밖에 없기 때문이다. 진술 및 보장은 양수인의 실사 내용이 정확한 것인지를 확인해 준다.

이처럼 두 당사자의 첨예한 이해관계가 교차하므로, 결국 계약서상의 진술 및 보장 조항은 당사자의 협상에 의해 결정될 수밖에 없다. IMF 위기 직후에는 경영이 어려워 외부의 자금에 소생을 기대할 수밖에 없는 회사들이 많았기 때문에 매수인이 상대적으로 우월한 입장에서 이 범위가 결정되는 경우가 많았다. 그러나 최근에는 반드시 그렇지 않고, 오히려 매도인이 우월한 입장에서 그 범위를 좁히는 경우도 적지 않다.

통상 양도인은 "양도인이 아는 범위 내(to the knowledge of the Seller)"로 진술 및 보장의 범위를 축소하고자 한다. 다양한 사업을 영위하는 회사가 그 내용을 소상히 알지 못하는 작은 사업 부분을 양도하는 경우와 같이 양도인으로서도 그 사업 내용을 잘 모르기 때문에 광범위한 진술 및 보장을 하여 주는 것이 어려울 수도 있다. 하지만, 양수인으로서는 그와 같은 양수인의 인식, 부지와 상관없이 계약 종료시까지 밝혀지지 않은 문제가 발생하는 경우 거래의 손실을 고스란히 부담하여야 하기 때문에, 양도인의 주장을 받아들이기 어렵다.

차입매수(Leveraged Buyout)의 경우처럼, 대상 회사의 경영진이 매수인이 되는 경우도 매수인이 이미 회사에 대하여 많은 정보를 가지고 있으므로, 양도인으로서는 상세한 진술 보장을 꺼리게 된다. 한편, 대상 회사가 비상장 회사인 경우는 공시주의 등 금융기관의 규제에 노출되지 않기 때문에, 매수인은 보다 광범한 진술 및 보장을 주장하기도 한다.

양도인의 진술 및 보장에 비하면, 양수인의 진술 및 보장은 간소한 것이 일반적이다. 그러나 거래의 대가로 양도인이 양수인의 주식을 받게 되는 경우라면 이야기가 달라진다. 양도인은 양수인에게 하여준 그 진술 및 보장만큼이나 정치한 내용을 원할 것이다. 또 양수인이 인수 대금을 제3자로부터의 금융을 통해 조달하는 경우라면, 양도인으로서는 이러한 금융의 상황을 매우 중요하게 따지게 된다. 금융을 위하여 신디케이트 론이 이용된 경우, 주간사 은행은 다른 참여 은행의 참여를 장려하기 위하여 인수계약에 직접 서명을 하기도 한다. 차입매수 비율이 높은 거래의 경우 인수자는 후순위채(subordinated debt)를 발행하기도 하고, 사모(Private Placement) 또는 공모(Public Offering)를 통해 지분 증권을 발행하기도 한다.

이하에서는 우리나라에서 가장 빈번하게 이용되는 M&A 거래 유형인 주식양도 거래의 진술 및 보장 조항을 살펴보기로 한다.

III. 구체적 조항

1 존속기간

일반적으로 진술 보장 조항은 계약서의 서명 시점(signing) 및 종결(closing) 시점을 기준으로 회사의 상황을 보장한다. 이 시기 사이에 회사의 상황이 변동됨으로 인하여 발생하는 리스크는 양도인이 부담하지만, 계약의 종료를 기점으로 리스크는 양수인에게 이전한다.

그러나 이 존속기간 역시 협상할 나름이다. 양수인의 입장에서는 거래의 종결 이후에도 진술보장조항이 유효하게 존속하고 그 위반이 발생하면 면책을 청구할 수 있도록 하기를 원한다. 실제로 계약 종결 이후 일정기간 동안 진술보장 조항이 유효하도록 정하는 경우가 많으며, 그 기간은 진술 및 보장의 대상이 무엇인가, 거래의 측면에서 얼마나 중요한가에 따라 그리고 종국적으로는 당사자의 협상에 의하여 결정되겠지만 1년 내지 10년의 범위에서 매우 다양하다. 일반적으로는 1년 내지 5년 정도의 범위에서 결정되는 예가 많다.

> **Example**
>
> Seller hereby represents and warrants to Purchaser that the followings[171] are true <u>as of the date hereof</u>[172] and will be true <u>as of the Closing Date</u>[173] <u>except as otherwise provided herein.</u>[174]

---

171) 다음의 내용이
172) 여기의 날짜에(서명일에)
173) 계약의 종료일에
174) (여기에) 달리 규정되어 있지 않는 한.

2 매도인에 관한 사항

1. 계약체결능력

매도인이 적법하게 설립되어 매매계약을 체결하고 의무를 이행할 능력이 있는지를 확인한다.

실무적으로는 채무자 회생 및 파산에 관한 법률에 따른 부인권이 행사되어 주식매매계약이 이행되지 않을 위험이 가장 문제될 것이며, 이처럼 재무적 어려움이 있는 매도인으로부터 대상 회사를 인수하는 경우 대상 회사의 파산가능성 등에 대하여 진술보장을 받고 부인권 해당 여부를 가려서 이에 대한 적절한 조처를 취하여야 한다. 매도인의 계약체결 능력에 문제가 있는 경우에는 진술보장 조항 위반으로 인한 매도인의 면책의무도 법적으로 유효하지 않게 되는 경우가 대부분이므로 계약상 진술보장 조항과 별도로 실제 매수인이 이를 확인하여 상대방 변호사로부터 법률 의견서를 받아두기도 한다.[175]

> **Example**
>
> Seller has full legal right, power and authority to enter into[176] and perform this Agreement, which constitutes a valid and binding[177] agreement of Seller.

2. 주식에 관한 사항

양도인이 주식의 소유자이고 매도 대상인 주식은 담보권 등의 부담이 없는 상태임을 보장한다. 따라서 주식에 담보가 설정되어있는 경우 매도인이 늦어도 계약의

---

175) 허영만, "M&A계약과 진술보장 조항", 「BFL」제20호,(서울대학교 금융법센터, 2006년), 23면.
176) 계약을 체결하다.
177) 유효하고 구속력 있는

종결 시점 이전에 이를 해소하여야 한다.

양도 목적물과 관련하여 양도인은 회사로부터 인수한 신주를 양도할 수도 있고, 기존의 주주인 제3자로부터 구주를 양도받아 이를 다시 양수인에게 양도하기도 한다. 어느 경우인가에 따라 확인하여야 할 점이 다르다. 신주를 양도하는 경우라면, 신주발행무효는 신주발행 일로부터 6월내에 소로서 주장할 수 있으므로, 6월경과 여부를 확인하여야 한다. 후자의 경우라면, 주식의 소유권에 대하여 다툼이 있을 수 있으므로 이 점을 확인하여야 한다. 상법상 주권의 선의취득 규정에 의하면 매수인이 악의 또는 중대한 과실이 있는 경우가 아니라면 양수인은 이 법리에 따라 보호된다.

Example

Seller is the record and beneficial owner[178] of, and has good and valid title to[179] the Shares. All of the Shares are held by Seller free and clear of[180] all liens, charges, security interests, pledges, encumbrances and demands whatsoever. No person, entity or corporation has any agreement or option, or any right, privilege or pre-emptive right[181] (whether contractual or by law) capable of becoming an agreement or option, including (but not limited to)[182] convertible securities, warrants or convertible obligations of any nature, for the subscription,[183] allotment or issuance of any unissued shares[184] in the capital[185] of the Company, or for the purchase of any issued shares of the Company from the Seller.

---

178) 형식상(명의상) 및 실질적(경제적) 소유자
179) ~에 대한 소유권
180) ~이 없는
181) 선취권
182) ~를 포함하되, 이에 국한되지 않는
183) 인수
184) 미발행주식
185) 자본금

3. 정부의 인허가, 법률, 정관, 계약 등의 위반 여부

양도인의 주식 양도에 정부의 인허가가 필요한지 여부나 그러한 양도가 법률 또는 정관에 위반되는지 여부를 확인하여야 한다. 실사과정에서는 실제로 정부의 인허가증 등을 확인하여야 한다. 과거의 법률 위반에 관한 내용은 실사를 보완하고, 대상 회사의 법률적 문제점을 파악하는 중요한 자료이다(이에 관한 예시는 후술 대상 회사의 진술 및 보장 중 관련 부분 참조).

3 대상회사에 관한 사항

1. 회사의 조직

회사가 적법하게 설립되어 현존하고 있으며, 현재의 영업을 영위하고, 자산 등을 보유할 수 있다는 내용이다. 해외에서 영업을 하는 경우에는 그러한 영업을 영위하는데 필요한 현지법상의 절차를 갖추었는지 확인하는 것이 중요하다.

> **Example**
>
> The Company is a corporation duly organized and validly existing under [ ] law[186] with corporate power and all necessary licenses, franchises and permits to own its properties and to conduct its business as now conducted in its present location (the "Business"). All corporate records are currently kept by the Company on its premises[187] and shall so remain.

---

186) ~법에 근거하여
187) 구내

2. 회사의 자본구조

회사의 수권 자본(authorized capital) 및 기발행 주식 등을 확인하는 내용이다. 양수인으로서는 양수 이후 신주가 발행될 가능성이 있는 전환사채, 신주인수권부사채, 스톡옵션 등 일체의 계약 또는 유가증권에 관한 내용을 파악하여야 한다. 이러한 증권의 발행에 의하여 양수인의 주식이 희석(dilution)될 수 있기 때문이다.

> **Example**
>
> The authorized capital stock of the Company consists solely of [ ] shares of common stock[188], [ ] par value[189] per[190] share, of which [ ] shares are issued and outstanding[191]. All of the shares of Company have been duly authorized and validly issued and were issued in compliance with[192] all applicable laws[193] concerning[194] the issuance of securities[195].
>
> There are no preemptive[196] or other outstanding rights, options, warrants, conversion rights, stock appreciation rights, redemption rights, repurchase rights, agreements, arrangements or commitments of any character under which the Company is or may become obligated to[197] issue or sell, or giving any Person a right to subscribe for or acquire, or in any way dispose of, any Equity Interests of the Company or any securities or obligations exercisable[198] or exchangeable[199] for, or convertible into[200], any Equity Interests of the Company, and no securities or obligations evidencing such rights are authorized, issued or outstanding. The outstanding shares of Company Stock are not subject to[201] any voting trust agreement[202] or other contract, agreement or arrangement restricting or otherwise relating to the voting, dividend[203] rights or disposition of such Equity Interests.

---

188) 보통주
189) 액면가, 액면미달발행: issuance below par
190) ~당, 한 주당: per share
191) 발행된

3. 자회사

자회사가 중요한 비중을 차지하는 경우라면 대상회사와 동일한 정도의 진술보장을 받는 것이 바람직하다. 그 정도에 이르지 않는 자회사는 별도로 조항을 두어 그 비중, 규모 등에 맞게 필요한 진술보장을 받을 필요가 있다. 실사에서는 자회사의 현황 및 조직 등 기본적인 사항을 확인할 필요가 있다.

모회사의 주주가 주주로서 투자한 자회사에 부담하는 리스크는 일반적으로 유한책임 원칙에 따라 투자금액에 한정되는 것이 원칙이지만, 이에 대한 예외가 될 수 있는지를 잘 확인하여야 한다. 자회사에 대한 보증인이 되어 보증책임을 부담하는 경우와 같이 계약상의 채무를 부담하는 경우, 상법 제401조의2에 따라 자회사의 사실상의 이사(director de facto)로서 책임을 부담하는 경우, 세법에 따라 과점주주로서 2차 납세의무를 부담하는 경우, 모회사와 자회사의 영업이 상호 밀접하게 연관되어 단순히 투자금액을 포기하고 자회사를 청산하는 것이 현실적으로 어려운 경우 등에는 이에 보호 장치가 필요하다.[204]

Example

Each of the Company's Subsidiaries[205] is a legal entity duly organized, validly existing and in good standing under the Laws of its respective[206] jurisdiction of organization and has all requisite[207] power and authority to

---

192) ~을 준수하여
193) 적용법
194) ~에 관한
195) 증권
196) 우선적인
197) 의무가 발생하는
198) 행사할 수 있는
199) 교환할 수 있는
200) ~로 전환될 수 있는
201) ~의 적용을 받는, ~에 종속되는
202) 의결권 신탁 약정
203) 배당
204) 허영만, 전게 논문, 25면.

own and operate its properties and assets and to carry on its business as presently conducted and is qualified to[208] do business and is in good standing in each jurisdiction where the ownership or operation of its assets or properties or conduct of its business requires such qualification[209], except where the failure to be so organized, qualified or in good standing or to have such power or authority would not, individually or in the aggregate, reasonably be likely to have a Company Material Adverse Effect[210]. Prior to the date hereof, Purchaser has been provided with complete and correct copies of each of the Company's and its Subsidiaries' Organizational Documents, and each as so delivered is in full force and effect

(i) A true and complete list of the Subsidiaries of the Company as of the date hereof is set forth[211] on Schedule[ ] of the Seller Disclosure Letter, and such list sets forth, with respect to each such Subsidiary, as of the date hereof (A) its jurisdiction[212] of organization or formation, (B) the direct or indirect ownership interest of the Company in each Subsidiary, as well as the ownership interest of any other Person in each Subsidiary that is not wholly owned, directly or indirectly, by the Company, and (C) the Company's or its Subsidiaries' direct or indirect Equity Interests in any other Person.

(ii) All of the Equity Interests of each Subsidiary of the Company owned by the Company are owned free and clear of any Encumbrances. There are no preemptive or other outstanding rights, options, warrants, conversion

---

205) 자회사
206) 각각의
207) 필요한
208) ~할 자격이 있는
209) 자격
210) 중대한 부정적 영향
211) 기재된
212) 관할

> rights, stock appreciation rights, redemption rights, repurchase rights, agreements, arrangements or commitments of any character under which any Subsidiary of the Company is or may become obligated to issue or sell, or giving any Person a right to subscribe for or acquire, or in any way dispose of, any Equity Interests of any Subsidiary of the Company or any securities or obligations exercisable or exchangeable for, or convertible into, any Equity Interests of any Subsidiary of the Company, and no securities or obligations evidencing[213] such rights are authorized, issued or outstanding.
>
> (iii) All of the outstanding Equity Interests of the Subsidiaries of the Company have been duly authorized and are validly issued. The outstanding Equity Interests of each Subsidiary of the Company are not subject to any voting trust agreement or other contract, agreement or arrangement restricting or otherwise relating to the voting, dividend rights or disposition of such Equity Interests.

4. 재무제표 및 재무제표 작성일 이후 회사 상황의 변경

가. 재무제표

재무제표와 관련된 이 부분은 진술 및 보장 중 가장 중요한 부분이라 할 수 있다. 주식의 양도가격은 재무제표를 기초로 산정한다. 매수인의 입장에서는 일반적으로 최근 사업 연도말 외부감사인이 작성한 재무제표에 대한 진술 보장을 요구하고, 자회사가 있는 경우 연결재무제표(consolidated financial statement)를 요구한다. 재무제표 작성의 토대가 된 회사 장부의 정확성에 대한 진술보장을 요구하는 경우도 많다.

---

[213] ~을 증명하는

재무제표 작성 기준은 일반적으로 기업회계기준에 따르지만, 이 기준이 회사에게 어느 정도 융통성을 부여하고 있어서 여기에 추가적으로 기준을 명시하곤 한다. 재무제표가 회사의 재무상황을 공정하게 보여주고, 그 범위 내에서 해당 기간 동안 일관되게 적용될 것을 그 요건으로 추가하는 것이 일반적이다.

이러한 공정성, 일관성 요건에 추가하여 정확성까지 요구하는 것이 매수인의 입장에서는 유리하지만, 회계기준에 따른 재무제표 작성에 요구할 수 있는 기준인지에 관하여 논란이 되기도 한다(아래 예시문에서는 정확성의 요건까지 삽입하였다).

> **Example**
>
> (i) Prior to the date hereof, Purchaser has been provided with complete and correct copies of the audited consolidated statements of operations and comprehensive income, changes in[214] stockholders' equity and cash flows[215] of the Company and its Subsidiaries for the fiscal years ended[216] December31, 20, 20 and 20 and consolidated[217] balance sheet[218]s of the Company and its Subsidiaries as at such dates (the "Financial Statements"). The Financial Statements (A) have been prepared in accordance with GAAP applied on a consistent basis[219] during the periods involved, except as may be noted[220] therein or in the notes thereto; (B) present fairly, in all material respects, the consolidated financial position of the Company and its Subsidiaries as at the dates thereof and the consolidated results of operations and comprehensive income, changes in stockholders' equity and cash flows[221] of the Company and its Subsidiaries for the periods then ended; and (C) accurately reflect in all material respects the books[222] of account and

---

214) ~의 변화
215) 현금 흐름
216) ~에 종료되는
217) 연결
218) 대차대조표

> other financial records of the Company and its Subsidiaries.

가격 산정의 기초가 되는 재무제표는 인수 시점에서 보면 과거 시점에 작성된 것이므로, 최근 재무제표의 작성일 이후 서명일 그리고 종결일 사이에 대상 회사의 상황 변화 여부에 대한 추가적인 진술 보장이 필요하다.

이에 대하여는 ⅰ) 재무제표 작성일 이후 중대하게 부정적인 변경(Material Adverse Change)이 없다는 식의 약식 진술 보장과 ⅱ) 회사의 주요 상황(발생 주식의 변경, 자산의 처분, 채무 부담, 신규 투자 등)에 대하여 통상적으로 영위해 오던 기존의 방식과 달리 이루어진 바가 있는지를 보다 상세히 규정하는 방식이 있다(아래 예시는 후자의 방법을 취하고 있다). 매수인의 입장에서는 당연히 후자의 입장을 취하는 것이 바람직하다. 이와 관련하여 계약의 서명일 이후부터는 약정조항(Covenant)에 따라 매도인 및 대상 회사가 회사의 가치를 저하시키는 일을 하지 못하도록 되어 있다.

> **Example**
>
> (ⅰ) <u>Absence of Certain Changes</u>. Since December31, 20_and, prior to the date hereof, the Company and its Subsidiaries have conducted their respective businesses only in, and have not engaged in any material transaction <u>other than</u>[223] (except) <u>in accordance with</u>[224], the ordinary course of such businesses consistent with past practice, and there has not been any:
>
> (ⅰ) change in the financial condition, properties, assets, liabilities, business, <u>prospect</u>[225]s or results of their operations or any circumstance, occurrence or development (including any adverse change with respect to any

---

219) 일관되게
220) 각주에 기재하다.
221) 현금 흐름
222) 장부

circumstance, occurrence or development existing on or prior to December 31, 20_) that, individually or in the aggregate, has had or would reasonably be likely to have a Company Material Adverse Effect;

(ii) merger or consolidation between the Company or any of its Subsidiaries with any other Person, except for any such transactions among wholly-owned Subsidiaries[226] of the Company, or any restructuring[227], reorganization or complete or partial[228] liquidation[229] or similar transaction or the entry into any agreements or arrangements imposing material changes or restrictions on its assets, operations or businesses;

(iii) acquisition of assets outside of the ordinary course of business consistent with[230] past practice;

(iv) creation[231] or incurrence of (x) any Encumbrance on any FCC licenses or (y) any Encumbrance (other than any Encumbrance set forth in clauses (i) through (iv) of the definition of Permitted Encumbrances) on the other assets of the Company or its Subsidiaries that are, individually or in the aggregate, material to the Company or any of its Subsidiaries;

(v) loan, advance, guarantee or capital contribution[232] to, or investment in any Person (other than any of the foregoing to or on behalf of the Company or any direct or indirect wholly-owned Subsidiary of the Company and other than loans or advances[233] to employees and

---

223) ~을 제외하고
224) ~에 따라서
225) 전망
226) 100% 자회사
227) 구조조정
228) 부분적인
229) 청산
230) ~과 일관되는
231) (담보의) 설정
232) 자본 출자
233) 선금

contractors in the ordinary course of business consistent with past practices in an amount not to exceed[234] $250,000 individually);

(vi) material damage, destruction or other casualty loss with respect to any material asset, or Owned Real Property, Leased Real Property or property otherwise used by the Company or any of its Subsidiaries, whether or not covered by insurance;

(vii) declaration, setting aside or payment of any non-cash distribution with respect to any Equity Interests of the Company or any of its Subsidiaries (except for distributions by any direct or indirect wholly-owned Subsidiary of the Company);

(viii) incurrence[235] of any Indebtedness[236] for borrowed money other than from Seller or any of its wholly-owned Subsidiaries;

(ix) material change in any method of financial accounting or accounting practice by the Company or any of its Subsidiaries, except for any such change required by changes in GAAP or applicable Law;

(x) increase in the compensation payable or to become payable to its officers or employees (except for increases in the ordinary course of business and consistent with past practice);

(xi) fundamental[237] change to any of the important elements of the network technologies or principal billing systems of the Company and its Subsidiaries (excluding system upgrades, equipment replacement[238] and similar matters, in each case within the same fundamental framework of such network technologies and billing systems); or

(xii) agreement to do any of the foregoing.

---

234) 초과하다.
235) 발생
236) 채무
237) 근본적인
238) 대체

나. 우발채무(Contingent Liabilities)

우발채무는 원인이 되는 사실관계는 종결일 이전에 발생하였지만, 채무는 종결일 이후 발생하는 경우를 말한다. 따라서 채무를 발생시킬 가능성이 있다고 합리적으로 예상되는 조건, 사실, 상황 등이 존재하지 않는다는 진술보장을 받기도 한다.

우발채무는 원칙적으로 재무제표에서도 회계기준상의 요건을 충족하는 경우 주석에 기재하도록 되어 있어, 그에 따른 진술보장이 이루어진다. 그러나 회계기준에 의하여 기재되는 우발채무는 모든 법률상의 우발채무를 포함하지 않기 때문에 우발채무 조항에서는 모두 부외부채(대차대조표의 본문에 반영되어 있지 아니한 부채)를 진술보장 하도록 한다.

Example

As of the Financial Statement Date, the Company had(and on the date hereof the Company has) no material liabilities (matured or unmatured[239]), fixed or contingent, which are not fully reflected or provided on the balance sheet of the Company as of the Financial Statement Date), or any material loss contingency (as defined in Statement of Financial Accounting Standard No. 5) whether or not required by GAAP to be shown on the Balance sheets[240]), except (ⅰ) obligations to perform under commitments incurred in the ordinary course of business[241]) after the Financial Statement Date, (ⅱ) tax and related liabilities due and specifically set forth in Exhibit[242]) [ ], which liabilities shall be fully paid concurrently with the Closing as provided in Exhibit [ ], and (ⅲ) other liabilities as set forth in Exhibit [ ], or any material Statement Date)either the Company nor any of its Subsidiaries has any Liabilities except for (A)Liabilities reflected or reserved

---

239) 만기가 도래하지 않은
240) 기업회계기준에 따라 재무제표에 기재되어야 하는지 여부를 불문하고
241) 통상적인 영업 수행 과정에서
242) 별첨

5. 자산

대상회사가 영업을 수행하기 위하여 필요한 자산을 보유하고 있는지를 확인한다. 또한 그에 필요한 권리에 법률적인 문제점이 없는지를 확인하여야 하고, 자산이 실제로 영업에 사용되는데 담보권 설정 등의 제한이 없는지 체크하여야 한다.

> **Example**
>
> The Company has good and marketable title to the assets held by it and listed under this Agreement, free and clear of all liens, pledges, and encumbrances, chattel mortgages, charges, <u>easements</u>,[243] restrictions or rights or interests of others of any kind, subject only to the <u>reservation</u>[244] of title rights of suppliers and security interests of banks where the sums payable to such suppliers or banks have been fully accounted for in the above financial statements.
>
> All machinery and equipment, production technology, know-how and industrial property rights used for the conduct of its Business are either held by the Company or can be used according to agreements. Machines and equipment are in workable condition. The patents and trademarks used by the Company are listed in Exhibit D. They are either owned by the Company or licensed to the Company as indicated in the said Exhibit D.
>
> (f) Exhibit E contains and identifies all land, buildings and machinery of the Company, contracts with agents, distributors, suppliers, etc., products lines, number of employees and the terms of their employment, insurance policies in force and paid for by the Company, and all other material assets used for the conduct of the Business or otherwise belonging to the Company.

6. 계약

대상회사가 체결하고 있는 계약이 유효하고, 대상회사나 그 상대방이 계약 위반 또는 그 가능성이 없다는 것에 진술보장 받는다. 대규모 회사의 경우에는 모든 계약에 대하여 진술보장을 하는 것이 어려워 중요 계약 및 통상적이지 않은 계약에 대해서만 진술 및 보장을 요구하기도 한다. 중요계약인지 여부는 계약 기간, 금액을 기준으로 판단하는 것이 일반적이지만, 어떠한 업종인가에 따라 실사 결과를 반영하여 영업에 필요한 중요 계약의 유형을 구체적으로 기재하게 하는 경우가 많다.

아래 예시는 계약의 종류에 따라 다른 금액 기준을 사용하고 있으며, 계약의 잔존 기간도 중요성 판단의 기준으로 사용하고 있다.

(ⅰ) Schedule [ ] of the Seller Disclosure Letter lists all Material Contracts in effect as of the date hereof (other than Intellectual Property Contracts that are to be delivered pursuant to Section4.2(a)(ⅳ)). The term "Material Contracts" means all of the following types of Company Contracts (other than Organizational Documents of the Company and its Subsidiaries, Benefit Plans or other agreements related to employee benefits and agreements related to labor matters to the extent that such items are provided for in [ ] (Employee Benefits) and [ ] (Labor Matters), respectively):

(A) Company Contracts evidencing Indebtedness for borrowed money with a principal[245] amount greater than $100,000,000.00;

(B) joint venture, partnership, limited partnership or limited liability company agreements relating to the formation, creation, operation, existence, management or control of any joint venture, partnership, limited partnership or limited liability company that is not wholly owned, directly or indirectly by the Company;

---

243) 지역권
244) 보유

(C) each Company Contract for distribution, supply, inventory, purchase, license or advertising or similar agreement that is reasonably likely to involve consideration of more than $300,000,000.00 in the aggregate in any 12-month period, other than any such contract that can be cancelled without penalty or further payment on 90 or fewer days' notice;

(D) stock purchase agreements, asset purchase agreements and other Company Contracts relating to the acquisition, lease or disposition by the Company or any of its Subsidiaries of assets and properties or any Equity Interest of the Company or any of its Subsidiaries for consideration in excess of $100,000,000.00 or under which the Company or any of its Subsidiaries has any indemnification obligations or any other on-going obligations that would reasonably be likely to result in payments in excess of $50,000,000.00;

(E) Company Contracts that are reasonably likely to involve consideration of more than $300,000,000.00 in any 12-month period or involved consideration of more than $300,000,000.00 in the aggregate during calendar year 20__ or $600,000,000.00 in the aggregate over the term of such Company Contract;

(F) any Company Contract that would reasonably be likely to involve consideration of more than $50,000,000.00 in any 12-month period that is an interconnection, bundling or similar agreement in connection with which the equipment, networks and services of the Company or any of its Subsidiaries are connected to those of another service provider in order to allow their respective customers access to each other's services and networks (except for those that are terminable, without penalty, on 12 months or less notice);

---

245) 원금

(ii) Prior to the date hereof, Purchaser has been provided with complete and correct copies of each Material Contract (other than Intellectual Property Contracts that are to be delivered pursuant to Section [ ] listed on Schedule [ ] of the Seller Disclosure Letter, including amendments thereof and exhibits, annexes and schedules thereto. To the Knowledge of the Company, as of the date hereof, each Material Contract is in full force and effect and valid, binding and enforceable against the other parties thereto in accordance with its terms, subject to applicable bankruptcy, insolvency, fraudulent transfer, reorganization, moratorium and similar laws affecting the enforcement of creditors' rights generally or, as to enforceability, by general equity principles. None of the Company, any of its Subsidiaries or, to the Knowledge of the Company, any other Person is in breach or violation of, or default under, any Material Contract, except as would not, individually or in the aggregate, reasonably be likely to have a Company Material Adverse Effect. To the Knowledge of the Company, no event has occurred that would result in a breach of or default under, require any consent or other action by any Person under, or give rise to any penalty or right of termination, cancellation or acceleration of any right or obligation of the Company or its Subsidiaries to a loss of any benefit to which the Company or any ofits Subsidiaries is entitled under (in each case, with or without notice or lapse of time, or both), any Material Contract, except as would not, individually or in the aggregate, reasonably be likely to have a Company Material Adverse Effect.

7. 법률 준수 및 정부 인허가

대상회사가 과거, 현재의 법률 위반 사항 및 장래에 예상(통상 대상 회사의 인식 범위 내에서 이루어진다)되는 사항에 대한 진술보장조항이다.

특히 감독관련 법령 위반이 경우 기업의 명성(reputation)에 타격을 주어 주가에 영향을 줄 뿐만 아니라 새로운 산업에 진출하는데 장애요인이 될 수도 있다. 금융이나 통신 관련 업종 등 정부의 인허가를 얻어 영업을 수행하는 업종인 경우 정부의 인허가를 받았는지, 관련 규제를 준수하고 있는지, 인허가의 조건들을 잘 지키고 있는지 등을 확인하는 것이 중요하다.

Example

(h) Compliance with Laws; Licenses.
(i) The business of the Company and its Subsidiaries has not been, and is not being, conducted in violation of any federal, state, local or foreign law, statute or ordinance, common law or any rule, regulation, guideline, standard, judgment, order, writ, injunction, decree, arbitration award, agency requirement, license or permit of any Governmental Entity (collectively, "Laws"), except for violations that would not, individually or in the aggregate, reasonably be likely to have a Company Material Adverse Effect. No investigation or review by any Governmental Entity with respect to the Company or any of its Subsidiaries is, to the Knowledge of the Company, pending or threatened, nor has any Governmental Entity indicated an intention[246] to conduct the same, except for such investigations[247] or reviews that would not, individually or in the aggregate, reasonably be likely to have a Company Material Adverse Effect; provided, that such exception shall not apply to such investigations or reviews by the FCC or the Department of Justice. The Company and its Subsidiaries each has obtained and is in compliance with all permits, licenses, certifications, approvals, registrations, consents, authorizations, franchises, variances, exemptions and orders issued or granted by a

---

246) 의도
247) 조사

Governmental Entity ("Licenses") necessary to conduct its business as presently conducted, except those the absence of which would not, individually or in the aggregate, reasonably be likely to have a Company Material Adverse Effect (the "Material Licenses").

(ii) Schedule [   ] of the Seller Disclosure Letter sets forth a true and complete list, as of the date hereof, of (A)all Material Licenses and, to the extent not otherwise constituting Material Licenses, all Licenses issued or granted to the Company or any of its Subsidiaries by the FCC and all leases for the use of wireless spectrum licensed to other FCC licensees (such licenses and leases, "FCC Licenses") (other than point to point microwave licenses, business radio licenses, experimental licenses and Section214 certificates), all Licenses issued or granted to the Company or any of its Subsidiaries by PUCs regulating telecommunications businesses ("State Licenses"), and all Licenses issued or granted to the Company or any of its Subsidiaries by foreign Governmental Entities regulating telecommunications businesses (collectively with the Material Licenses, FCC Licenses and State Licenses, the "Communications Licenses"); (B) all pending applications for Licenses that would be Communications Licenses if issued or granted; and (C) all pending applications by the Company or any of its Subsidiaries for modification,[248] extension or renewal of any Communications License. Each of the Company and its Subsidiaries is in compliance with its obligations under each of the FCC Licenses and the rules and regulations of the FCC, and with its obligations under each of the FCC Licenses and State Licenses, in each case, except for such failures to be in compliance

---

248) 수정

with Licenses that would not, individually or in the aggregate, reasonably be likely to have a Company Material Adverse Effect. To the Knowledge of the Company, there is not pending or threatened before the FCC, the Federal Aviation Administration (the "FAA") or any other Governmental Entity any proceeding, notice of violation, order of forfeiture or complaint or investigation against the Company or any of its Subsidiaries relating to any of the Communications Licenses, in each case, except that would not, individually or in the aggregate, reasonably be likely to have a Company Material Adverse Effect. The FCC actions granting all FCC Licenses, together with all underlying construction permits, have not been reversed, stayed, enjoined, annulled or suspended, and there is not pending or, to the Knowledge of the Company, threatened any application, petition, objection or other pleading with the FCC, the FAA or any other Governmental Entity that challenges or questions the validity of or any rights of the holder under any such FCC License, in each case, except that would not, individually or in the aggregate, reasonably be likely to have a Company Material Adverse Effect.

(iii) Except for immaterial matters, Seller validly holds the FCC Licenses and the FCC Licenses are validly issued in the name of the Company or one of its Subsidiaries. The FCC Licenses are in full force and effect and are free and clear of all Encumbrances or any restrictions which might, individually or in the aggregate, limit the full operation of the FCC Licenses in any material respect.

(iv) All of the currently operating cell sites and microwave paths of the Company and its Subsidiaries in respect of which a filing with the FCC was required have been constructed and are currently operated as represented to the FCC in currently effective filings, and modifications

> to such cell sites and microwave paths have been preceded by the submission to the FCC of all required filings, in each case, except as would not, individually or in the aggregate, reasonably be likely to have a Company Material Adverse Effect.

8. 환경

대상회사가 환경관련 법률 위반으로 제재를 받은 적이 있는지에 대한 진술보장이다. 유럽과 같이 특별히 환경을 엄격히 규제하고 있는 국가의 회사가 양수인이 되는 경우 이 부분에 대한 꼼꼼한 진술보장을 요구하는 경우가 많다.

Example

> No activity or condition in violation of relevant Environmental Laws, which includes, without limitation, the Korean Air Environment Preservation Law, the Korean Water Quality Preservation Law, and the Korean Noise and Vibration Control Law has occurred or exists in the Company's buildings or land - whether or not such non-compliance has had a negative impact on the health or safety of people, employed by the Company or not, or on domestic animals, or has otherwise negatively influenced the property surrounding the land and buildings of the Company. Any claim or liability arising from conditions existing at the Closing Date shall be for the account of Seller and Seller shall reimburse Purchaser for any cost and/or damages as a result of such claim or liability.

9. 노사

대상회사의 근로계약의 조건이 적법한지 검토한다. 만약 단체협약에 해당 M&A

거래에 영향을 끼치거나, 인수 이후의 경영권 행사에 영향력을 줄 수 있다면 이에 대한 대책이 필요하다.

임원에 대한 급여, 퇴직금, 보험 등 임직원 관련 보상체계에 대하여 진술보장을 하게 한다. 특히 M&A에 인접하여 이례적인 임금체계의 변경이 있을 수 있고, 이는 인수자에게 영향을 미치므로 이에 대한 확인을 하여야 한다. 임원과는 사이에 비자발적 퇴직의 경우 상당한 보수를 지급하도록 하는 조항이 있는 경우에 이에 대한 대책도 필요하다.

또한 노사분쟁이 없음을 확인하여야 한다. 노사관계에 불안정이 없다는 조항은 서명 이후 의미를 지니게 되는 경우가 많으므로 이를 염두에 두고 협상할 필요가 있다. 실제로 서명 이후에 노사 분쟁이 많이 발생하는데, 진술보장은 앞서 본 바와 같이 종결일 기준으로도 이루어지는 것이며, 이러한 부분은 거래 종결의 선행 조건이 된다.

Example

(ⅰ) As of the date hereof, none of the Company or its Subsidiaries is party to or otherwise bound by any labor and <u>collective bargaining agreements</u>[249], contracts or other agreements or understandings with a labor union [250] or labor organization.

(ⅱ) To the Knowledge of the Company and as of the date hereof, neither the Company nor any of its Subsidiaries is the subject of any proceeding asserting that it <u>has committed</u>[251] an unfair labor practice or seeking to compel it to bargain with any labor union or labor organization.

(ⅲ) As of the date hereof, no material labor strike, dispute, walk-out, work stoppage, slow-down or lockout involving the Company or its Subsidiaries is pending or, to the Knowledge of the Company, threatened, nor has there been since [날짜].

---

249) 단체협약
250) 노동조합

The Company has not received any written claim or threat by any of its present or past employees for damages arising out of alleged occupational hazards, unsafe conditions of employment or other similar claims related to the work environment. The labor relations between the Company and its employees are peaceful.

The Company has duly performed all contractual as well as statutory obligations toward its employees, including but not limited to contributions to pension plans and allocations to severance payment reserves. Except as provided in this Agreement, the Company has not made any commitment or entered into any agreement with any employee concerning any increase of such employee's salary or benefits of any kind.

10. 분쟁

대상 회사에 계류 중인 또는 분쟁이 예상되는 소송 및 분쟁의 내용에 대한 진술 보장 조항이다. 이러한 조항은 통상 면책 조항과도 관련되어있을 뿐만 아니라, 대상회사가 법률적으로 어떠한 부분에서 취약한지를 파악할 수 있다.

Example

(n) There are no claims, actions, suit[252]s or proceedings pending or threatened[253] against the Company or against Seller relating to his ownership of the Shares and Seller is not aware of any basis for any such claim, action, suit or proceeding. Neither the Company nor Seller is party to[254] any action, suit or proceeding as a party plaintiff,[255] nor are they presently contemplating the initiation[256] of any such action, suit or proceeding.

---

251) 범하다.
252) 소송

(o) The Company has observe[257]d and perform[258]ed in all material respects all terms and conditions[259] on its part to be observed and performed under any previous contracts to third parties[260], including the Korean government or any of its agencies. The execution of this Agreement shall not result in a breach by the Company of any contract it has entered into.

(p) Except as disclosed in writing to Purchaser, the Company is not a party to nor bound by[261] any agreement of borrowing, lending, guarantee, indemnification, assumption[262] or endorsement[263] or any other like obligation or liability (contingent or otherwise) or indebtedness to any other person, entity or corporation.

11. 특수관계인 또는 특별관계인과의 거래

양도인, 그 주주 등이 대상 회사 및 그 자산에 대하여 이해관계를 가지고 있는지 여부를 확인할 필요가 있다. 양도인이 대상 회사에 대하여 이해관계가 있는 경우라면, 거래가 공정하게 이루어졌는지, 이러한 거래가 인수 후 회사에 어떠한 영향을 미칠 것인지 여부를 파악한다. 우리나라의 경우 공정거래법상 계열회사에 대한 부당지원행위가 있었는지 여부가 빈번히 문제된다.

---

253) 계류되어 있거나, 제기될 것으로 위협되는
254) ~의 당사자
255) 원고
256) (절차의) 개시
257) 준수하다.
258) (의무를) 이행하다.
259) 조건
260) 제3자들
261) (~에) 구속되는
262) 인수
263) 배서

> **Example**
>
> As of the date hereof, there are no agreements between the Company or any of its Subsidiaries, on the one hand, and Seller and/or any of its Affiliates (other than the Company and its Subsidiaries), on the other hand, that are material to any significant component of the operations of the Business of the Company and its Subsidiaries or are not on <u>arms-length terms</u>[264] <u>taken as a whole</u>,[265] other than as set forth on Schedule 3.2(r) of the Seller Disclosure Letter, and Seller has provided Purchaser with copies of all such agreements.

12. 세금

세금 납부에 관한 진술보장은 원칙적으로 재무제표, 우발채무에 관한 진술보장에서 보호되는 경우가 많지만, 이 문제가 중요하기 때문에 이와 별도로 규정하는 경우가 더 보편적이다.

> **Example**
>
> (q) The Company has duly, timely, correctly and properly filed all <u>tax returns</u>[266] required to be filed by it and has paid all taxes and duties that are <u>due</u>[267] and payable. It has paid all assessments and reassessments and all other taxes, governmental charges, <u>penalties</u>,[268] <u>surcharge</u>[269] interest and <u>fine</u>[270]s due and payable by it. There are no actions, suits, proceedings, investigations or claims now threatened or pending against the Company

---

264) 독립된 조건, arm's length transaction: 독립된 당사자 사이의 거래
265) 전체적으로 볼 때
266) 세금신고서
267) 납부하여야 할, 납기가 도래한
268) 벌금
269) 추징금

in respect of taxes, duties, governmental charges or assessments, nor any matters under discussion with any governmental authority relating to taxes, governmental charge or assessment asserted by any such authority. The Company has withheld from all payments made to all persons, including but not limited to its officers, directors and employees, the amount of all taxes, including but not limited to income tax, and other deducts[271] required to be withheld therefrom, and has paid the same to the proper tax authorities or other receiving officers within the time required under applicable legislation.

(r) The Company has duly performed all contractual as well as statutory obligations toward its employees, including but not limited to contributions to pension plans and allocations to severance payment[272] reserves. Except as provided in this Agreement, the Company has not made any commitment[273] or entered into any agreement with any employee concerning any increase of such employee's salary or benefits of any kind.

13. 실사와 진술 및 보장

이상의 내용들은 일반적으로 작성되는 진술 및 보장들이다. 그러나 대상 기업의 특성에 따라서는 그 내용이 달라질 수 있다. 예를 들어 대상기업이 금융기관이라면 감독 기관의 규제 준수, 부실채권(Non-performing Loan) 등을 보다 상세하게 파악하기 위한 내용이 추가될 필요가 있다.

---

270) 과태료
271) 공제
272) 퇴직금
273) 약정

> **Example**
>
> Seller agrees that Purchaser's conduct of a due diligence review shall have no effect on the scope of warranties and representations provided by Seller under this Agreement, including its Article [ ], and shall not exempt Seller from his obligations and responsibilities arising from this Agreement, in particular as stated in warranties and representations of Seller.

3 양수인의 진술 보장

양수인의 진술 보장은 양도인에 대한 진술 보장에 비하여 간단한 편이다. 매수인이 적법하게 조직되어 존재하고, 계약을 체결할 수 있는 적법한 권한을 가졌다는 점, 계약에 요구되는 절차를 모두 거쳐 계약상의 의무가 유효하다는 점 등에 관하여 진술 및 보장을 한다. 다만, 이는 매매의 대가가 현금으로 지급될 때에 해당되는 내용이고, 만약 대가가 주식으로 교부된다면 매도인의 진술 보장과 마찬가지로 상세한 내용을 담게 된다.

> **Example**
>
> Purchaser hereby represents and warrants to Seller that the following are true as of the date hereof and will be true as of the Closing Date except as otherwise provided herein or in the Agreement.
> (a) Purchaser is a joint stock company duly organized and validly existing under the laws of the United States of America, with requisite corporate power and authority to make, execute, deliver and perform this Agreement.
> (b) This Agreement has been duly authorized, executed and delivered by Purchaser and constitutes the valid and legally binding obligations of Purchaser, subject to the Conditions Precedent of Article [ ] hereof.

신디케이티드 론
(Syndicated Loan)

I. 기업의 자금 조달(Raising Funds)

기업의 운용은 끊임없는 자금을 요구한다. 마치 자동차가 석유 없이는 달릴 수 없는 것과 같다. 회사는 이 자금을 어떻게 조달하는가?

은행 등 금융기관에 가서 돈을 빌릴 수도 있고, 주식 등의 증권을 회사가 직접 발행할 수도 있는데, 전자는 간접금융(indirect financing)의 방법이고 후자는 직접금융(direct financing)의 방법에 해당한다. 전자를 간접금융이라고 부르는 것은 자금의 수요자(기업)와 공급자(예금자) 사이에 은행이라는 매개자(intermediary)가 존재하기 때문이다. 최근의 금융시장은 여러 가지 이유로 간접금융보다 기업이 직접 자금모집을 주도하는 직접금융의 방법이 더 선호되고 있다.

이처럼 간접금융은 기업이 은행 등 금융기관으로부터 자금을 차입하는 방법에 의한 자금조달로, 대주인 은행과 차주인 기업 사이에 대출계약(loan agreement)이 체결된다. 회사가 직접 회사채(corporate bond)를 발행하여 복수의 사채권자들로부터 자금을 직접 모으는 직접 금융과 대비된다.

론 계약 중 대출 기간이 보통 1년 이상 장기인 경우를 중장기 대출계약(Term Loan Agreement)이라 한다. 또한 대주가 여러 은행으로 구성되는 경우를 신디케이티드 론 계약(Syndicated Loan Agreement)이라 한다. 규모가 큰 펀딩이 수반되는 거래는 하나의 주체가 대출을 모두 감당하기 어렵고, 설령 감당할 능력이 된다손 치더라도 대규모 대출에 따르는 리스크를 홀로 감수하려 하지 않으므로 대부분의 거래가 신디케이트론의 형태를 띤다. 바로 이 때문에 일반 기업 금융(corporate financing) 이외에도 프로젝트 파이낸스, 주식인수나 영업양도 등 M&A 거래를 위한 인수 금융(acquisition financing) 등 다양하게 이용되고 있다.[274]

이때는 복수의 대주가 존재하므로, 대주 상호간의 관계, 대주와 차주와의 관계 등의 측면에서 복잡한 법률문제가 생겨난다. 따라서 계약서가 방대하고 복잡할 뿐만 아

---

[274] 한민, "신디케이티드 대출에 대한 법적 검토", 「법학논집」(이화여자대학교 법학연구소, 2012), 205면.

니라, 첨단 산업의 특성에 맞추어 최근 시장변화를 반영한 새로운 조항들을 끊임없이 반영하고 있다.

II. 신디케이티드 론(Syndicated Loan) 일반

1 특징

신디케이티드 론은 복수의 대주 금융기관들이 차관단(syndicate)을 구성하여, 공통의 조건으로 차주에게 일정 금액을 융자하여 주는 대출이다. 특정 주간사 은행(lead manager)[275]에게 융자알선을 의뢰하는 mandate를 발급하고 그 은행이 차관단을 구성하여 대출하는 방법으로서 상업은행(commercial bank)의 대출기능과 투자은행(investment bank)의 인수기능이 복합된 융자형태라 할 수 있다. 대부분의 신디케이트론은 Term Loan에 속한다. 이 대출은 일반의 Loan과 비교할 때 다음과 같은 특징을 갖는다.

첫째, 복수의 은행이 각각 특정 금액을 차주에게 빌려주는 형태이다. 여기에서 대주들의 관계가 법률적으로 무엇인가 의문이 제기된다. 대주 은행들의 관계는 각 약정한 금액(Commitment) 범위 안에서만 책임을 지는 개별책임(several liability)을 원칙으로 하고, 대출 금액 전체에 대하여 연대책임(joint and several liability)을 부담하지 않는다. 따라서 대주은행 중 어떤 은행이 약정금액을 대출하지 못하는 경우라 하더라도 다른 은행이 그 금액만큼을 대출해 주어야 하는 법률적 의무가 없다.

둘째, 주간사 은행이 존재한다. 주간사 은행은 참여 은행과 구분되는 권리와 의무를 갖는데, 이는 주간사 은행이 이 론에서 다른 은행과 차별되는 역할을 수행하기 때문이다. 주간사 은행은 대체로 주선인(arranger)으로서의 역할과 대리인(agent)으로서의 역할을 한다.

---

275) 주간사 은행은 manager, lead manager mandated lead manager 등 다양한 용어로 지칭된다.

주선인으로서 주간사 은행은 차주와 다른 대주은행들을 연결시켜 주고 대출금액에 대한 약정을 조정하는 역할을 한다. 주간사 은행은 먼저 차주로부터 대출주선위임장(mandate or a letter of appointment)을 받은 다음 이에 따라 대출을 주선하다. 또 투자안내서(information memorandum)를 준비하고 각 대주은행들에게 배포하며 계약 체결을 준비한다. 이런 주선인으로서의 역할은 론 계약에 서명함으로써 끝이 나게 된다. 주간사 은행은 물론 이러한 역할의 대가로서 차주로부터 수수료를 지급받는다.

서명 이후에는 일반적으로 각 대주들의 대리인 역할을 하게 되는데, 주간사 은행 중 재정 대리인(fiscal agent)으로 지명된 은행이 이를 담당한다. 재정 대리인은 각 대주은행들을 대리하여 차주에게 돈을 지급하고 후에 차주로부터 상황을 받으면 이를 각 대주은행에게 대출금액에 비례하여 배분하여 주는 역할을 수행한다.

2 절차

신디케이티드 론을 위한 절차는 다음과 같이 크게 준비 과정, 본 차입 과정 및 사후 관리 과정으로 나눌 수 있다. 준비 과정에서는 차관도입계획을 확정하고 도입조건을 잠정적으로 결정한다. 이후 마켓팅을 하고 Offer Letter를 접수한다. 주간사은행을 선정하여 Mandate를 발급하고 투자안내서(Information Memorandum)을 준비한다. 본차입 과정에서는 간사단을 구성하여 참여은행을 모집하여 신디케이션을 완료한다. 계약서를 확정, 서명하고 자금을 인출하다. 사후 관리 단계에서는 수수료와 비용을 지급하고 원리금을 상환하는 등 계약상의 의무를 이행한다. 상설하면 다음과 같다.[276]

주간사 은행으로 선정된 기관 앞으로 동 은행이 제시한 융자의향서 조건을 수락한다는 내용의 대출주선 의뢰 위임장(Mandate Letter)을 발급한다. 위임장이 발급

---

276) 한국수출입은행, 「영문국제계약해설」 개정증보판(신신문화인쇄 주식회사, 2006), 275-277면.

되면 당사자 구성, time table 작성, 간사단 구성, 인수 및 판매 등의 주간사은행의 임무가 개시된다.

투자 안내서(Information Memorandum)란 차주가 대주 은행들이 Syndication 참여 여부에 관한 의사결정에 필요한 중요한 정보를 담아 작성한 문서로서, 증권 발행 시의 투자 설명서와 유사하다. 다만, 투자 설명서가 법률상 작성의무에 근거하여 작성되는 것에 비하여, 투자 안내서는 의무는 아니라 차주가 딜의 원활한 진행과 대출의 유치를 위하여 자발적으로 작성한다는 차이점이 있다. 투자 안내서의 주요 내용은 차주의 조직, 업무, 자본구성, 연혁 등의 기본사항, 영업현황, 재무구조 등에 관한 설명, 주요 재무제표, 차주국의 정치, 경제, 사회 전반에 관한 정보 등이다.

이후 주간사 기관이 간사단을 구성하고 참여 은행들을 모집하여 차관계약서의 내용을 확정하고 서명함으로써 완료된다.

3 서류의 작성(Documentation)

1. Offer Letter

예상 차주에게 제시하는 차관의 기본조건으로 향후 계약서 등 제반 서류작성의 근간이 되므로 꼼꼼히 검토하여야 한다. 주요 검토사항으로는 주간사 은행의 책임 정도, offer의 유효기일, 조기상환(prepayment) 허용 여부, 원금 상환 방법, 이자율 고시 및 이자금액 산출방식, 수수료와 부대비용 등이 있다. 주간사 은행의 책임 정도를 나타내는 표현 중 "fully underwritten basis"는 offer 제출 은행이 차입금액을 단독 또는 공동으로 인수함을 뜻하고, "best effort[277] basis"는 offer 제출은행이 딜 전반을 통해 필요한 제반의 노력에 최선을 다함을 의미한다.

---

277) 최선의 노력 cf 최선을 다하다: use(make) best efforts(endeavors)

2. Information Memorandum(투자 안내서)

대출에 참여하는 금융 기관으로서는 무엇보다도 차주의 상환 능력을 그 참여 결정의 가장 중요한 점으로 볼 것이므로, 투자 안내서는 채무상환능력 등 신용도를 부각시켜 작성된다. 그 내용에 허위의 기재가 있거나 누락이 있는 경우 이로 인하여 발생하는 책임은 차주가 부담하므로 작성 시에는 정확을 기하여야 한다.

3. Loan Agreement(대출 계약서)

주간사 은행은 mandate 접수 후 빠른 시일 내에 법률고문을 선정하여 계약서 초안 작성에 착수하여야 한다. 딜에서 대출계약서의 초안 작성 및 검토는 변호사의 주된 업무이다. 대주 및 agent bank, 표시통화, 차주의 자산 소재지 등을 감안하여 준거법 및 재판관할을 선택하여야 한다.

III. 계약의 주요 조항

1 기본적인 사항

1. 대주 은행 의무의 성격

대주 은행들의 계약상의 의무가 연대채무(joint and several)가 아니라 분할적 성격(several)의 것이므로 각자의 채무가 개별적임을 나타낸다.

> **Example**
>
> A. Nature of a Finance Party's rights and obligations
>
> i. The obligations of a Finance Party under the Finance Documents are several[278]. Failure of a Finance Party to carry out those obligations does not relieve any other Party of[279] its obligations under the Finance Documents. No Finance Party is responsible for[280] the obligations of any other Finance Party under the Finance Documents.
>
> ii. The rights of a Finance Party under the Finance Documents are divided[281] rights. A Finance Party may, except as otherwise stated in the Finance Documents,[282] separately enforce those rights.

---

278) 분할채무의 관계에 있는 cf) Joint and several: 연대채무의 관계에 있는
279) relieve A of B: A를 B로부터 면제하다.
280) ~에 대하여 책임이 있는
281) 분할된
282) 대출관련 문서에 달리 기재된 경우를 제외하고

2. 주간사 은행과 다른 참여 은행의 관계

대주 은행들은 주간사 은행을 대리인(facility agent)으로 임명하며, agent는 딜과 관련하여 위임받은 의무를 이행하고 권한을 행사한다. 이러한 관계는 법률적으로 본인과 대리인의 관계(principal and agent relationship)이다.

> **Example**
>
> A. Appointment[283] and duties of the Facility Agent
>
> i. Each Finance Party (other than the Facility Agent) irrevocably[284] appoints the Facility Agent to act as its agent under and in connection with the Finance Documents.
>
> ii. Each Party appointing the Facility Agent irrevocably authorises the Facility Agent on its behalf[285] to:
>
> 1. perform the duties and exercise the rights, powers and discretion[286]s that are specifically delegate[287]d to it under or in connection with the Finance Documents, together with any other incidental rights, powers and discretions; and
>
> 2. execute each Finance Document expressed to be executed by the Facility Agent on that Party's behalf.
>
> iii. The Facility Agent has only those duties which are expressly specified in this Agreement. Those duties are solely[288] of a mechanical and administrative nature. The Facility Agent shall have no liability or obligation to the Borrower as a result of any failure or delay by any Bank or any other Party in performing its respective obligations under this Agreement or any Finance Document.

---

283) 선임
284) 철회불능으로
285) ~을 대리(표)하여

B. Relationship

The relationship between the Facility Agent and the other Finance Parties is that of agent[289] and principal[290] only. Nothing in this Agreement constitutes the Facility Agent as trustee[291] or fiduciary[292] for any other Party or any other person and the Facility Agent need not hold in trust any moneys paid to it for a Party or be liable to account for interest[293] on those moneys.

3. 이자율

이자율의 기준이 되는 LIBOR(London Inter-Bank Offered Rate)는 이자 개시 2영업일 전 London 시간으로 오전 11시에 London Inter-Bank Market에서 은행 간에 적용하는 금리로서 일반적으로 Reuters LIBOR Page 또는 Telerate에서 고시되는 해당 기간물의 LIBOR를 금리로 사용하고, 통상 연리로 계산하며 1년을 360일로 계산한다. 대주로서는 5일 정도의 이자를 더 받는 것이 되어 유리하다.

Example

LIBOR means:

i. the applicable Screen Rate (rounded[294] upward to the nearest 1/16th of one per cent.); or

---

286) 재량 cf) at one's discretion:~의 재량으로
287) 위임하다.
288) 오로지
289) 대리인
290) 본인
291) 수탁자
292) 선량한 관리자
293) 이자
294) 반올림된

> ii. if no Screen Rate is available, the arithmetic mean (rounded upward to the nearest 1/16th of one per cent.) of the rates, as supplied to the Facility Agent <u>at its request</u>[295], quoted by the Reference Banks to leading banks in the London interbank market,
>
> at or about 11.00 a.m. (London time) on the applicable Rate Fixing Day for the offering of Dollar deposits (or, <u>as the case may be</u>[296], deposits in the currency of any <u>overdue</u>[297] amount) for a period comparable to the relevant Interest Period.

4. 수수료

이 대출에서 주간사 은행 및 Agent 은행이 자금의 조달 및 관리과정에서 중요한 역할을 담당하면서 많은 수수료를 받아간다. 이러한 수수료(fee)의 내용 및 규모가 계약서의 검토 및 협상에 있어 중요한 부분을 차지한다.

가. 약정 수수료(Commitment Fee)

차주는 계약 서명 후 자금인출기간의 종료일까지 또는 대출은행의 대출의무가 종료되는 날까지 미인출 잔액에 대한 약정 수수료를 매 3개월 또는 6개월마다(보통은 이자지급기간과 일치시킨다) 지급하도록 한다. 차주의 입장에서는 이자율에 포함되지 않는 추가의 부담을 본인이 부담하는 것을 납득하기 어렵겠지만 대주는 대출 약정 중 자금의 가용성에 제한을 받게 되므로 이를 보전하기 위하여 일정한 수수료를 부과하는데 이것이 약정 수수료이다.

---

295) 그 요청에 따라
296) 경우에 따라서는
297) 지연된

> **Example**
>
> **Section ( ) Commitment Fee**
>
> ⅰ. The Borrower shall pay to the Lender a commitment fee, payable on each Interest Payment Date, on the daily uncancelled and undisbursed portion of the Facility at the rate of one half of one percent(0.5%) <u>per annum</u>[298].
>
> ⅱ. Such commitment fee shall <u>commence</u>[299] to <u>accrue</u>[300] from and including January 1, 2014 and shall be computed on the basis of actual number of days elapsed and a year of 360 days.

나. 관리 수수료(Arrangement Fee)와 대리 수수료(Agent Fee)

관리 수수료는 대출에 참여한 간사은행에게 차주가 지급하는 수수료로 차주는 간사은행과 합의한 수수료를 계약일로부터 일정기간(보통 30일) 이내 또는 최초 자금 인출일 중 먼저 도래하는 일자에 agent bank를 통하여 지급한다. 대리 수수료는 대출금을 관리하는 agent bank에게 지급되는 수수료로서, 연율 Basis로 계산되며 차주와의 협상과정에서 결정된다. 통상 계약서 서명 후 1차로 지급하고 그 후 매 1년마다 지급하며 수수료 금액은 대출의 규모, 이자기간의 장단, 차주의 지리적 위치 및 통신수단의 발달 정도 등에 따라 다양하게 결정된다.

> **Example**
>
> **A. Arrangement fee**
>
> The Borrower shall pay to the Facility Agent an arrangement fee in the amount agreed in the Arrangement Fee Letter. The arrangement fee is

---

298) 연간
299) 시작되다.
300) (이자가) 붙다.

payable within seven Business Days from the date of this Agreement, provided that if the Drawdown Date falls within seven Business Days from the date of this Agreement, the arrangement fee is payable on the Drawdown Date instead. This fee shall be distributed by the Facility Agent among the Banks in accordance with[301] the arrangements agreed among the Coordinating Arrangers and the Banks prior to the date of this Agreement.

B. Agency fee

The Borrower shall pay to the Facility Agent for its own account[302] an agency fee in the amount agreed in the Agency Fee Letter.

C. VAT, etc.

Any fee referred to in this Clause ( ) is exclusive of[303] any value added tax[304], goods and services tax or any other tax which might be chargeable in connection with that fee. If any such tax is so chargeable, it shall be paid by the Borrower at the same time as it pays the relevant fee.

5. 비용

차주는 대주가 요청하는 경우 본 계약의 준비, 체결, 변경과 관련하여 대주에게 발생한 법률 비용(legal expenses)을 포함하여 모든 합리적인 비용을 지급하여야 한다. 일반적인 계약에서는 양 당사자가 각 자신의 법률비용을 부담하는 것이 원칙이지만, 금융계약에서는 차주에게 이를 부담시키는 경우가 많다.

---

301) ~에 따라
302) 그 자신의 비용부담으로
303) ~을 제외하고
304) 부가가치세

> **Example**
>
> **D. Initial and special costs**
>
> The Borrower shall pay to each of the Facility Agent and the Coordinating Arrangers the amount of all costs and <u>out-of-pocket</u>[305] expenses (including legal fees, travelling and accommodation costs, courier, telephone and fax charges and any value-added tax, goods and services tax and other tax chargeable on any such costs and expenses) incurred by it in connection with:
>
> ⅰ. the negotiation, preparation, printing and execution of:
> 1. this Agreement and any other documents referred to in this Agreement; and
> 2. any other Finance Document (other than a <u>Novation</u>[306] Certificate) executed after the date of this Agreement;
>
> ⅱ. matters relating to the publicity and syndication of the facility made available to the Borrower under this Agreement; and
>
> ⅲ. any amendment, waiver, consent or suspension of rights (or any proposal for any of the foregoing) requested by or on behalf of the Borrower and relating to a Finance Document or a document referred to in any Finance Document,
>
> within seven Business Days from the date of demand (accompanied by the relevant composite statement of account) by the Facility Agent or a Coordinating Arranger (as the case may be).

---

305) 직접 지급한
306) 경개

E. Enforcement costs

The Borrower shall pay to each Finance Party the amount of all costs and out-of-pocket expenses (including legal fees and any value-added tax, goods and services tax and other tax chargeable on any such costs and expenses) incurred by it in connection with the enforcement[307] of, or the preservation[308] of any rights under, any Finance Document within seven Business Days from the date of demand (accompanied by the relevant composite statement of account) by the relevant Finance Party.

6. Tax Gross-up 조항

이자 및 수수료에 대한 국내세법상 원천징수시 Gross-up을 통한 추가지급을 하도록 하고 있는데, 이를 인정할지 원천징수 후 차감한 금액만을 지급하고 원천징수 증빙을 제공하는 것으로 할 것인지는 당사자간의 협상의 문제이다.

Example

If the Borrower or any other person is required by any law or regulation to make any deduction[309] or withholding[310] (on account of tax or otherwise) from any payment under this Agreement, the Borrower shall together with such payment, pay such additional amount as will ensure[311] that the Lender receives the full amount which it would have received if no such deduction or withholding had been required.

---

307) 집행
308) 보전
309) 공제
310) 원천징수
311) 보장하다.

7. Market Disaster 조항

대주가 어떠한 사유로 인하여 대출금에 상응하는 차입금을 조달할 수 없거나 적용할 이자율을 입수할 수 없는 경우의 문제점에 대비하기 위한 조항이다. 대개의 Market Disaster 조항은 대출금에 적용할 이자율을 결정할 수 없는 경우에 대비하여 규정된다. 예컨대 대응차입금은 대출계약상 지정된 금융시장에서 대체 차입하여 조달하는 것이 보통인데, 이 경우 대출계약상 특약이 없다면 어떠한 방법으로 차주 앞 대출이자율을 결정할 것인지가 문제될 수 있다. 위와 같은 경우 통상 Market Disaster 조항에는 대출은행가 차주가 일정한 기간 내에 대출이자율을 결정하기 위하여 성실하게 협상하도록 하고, 만일 협의가 이루어지지 않으면 차주는 대출금을 기한 전에 상환하여야 한다는 규정을 둔다.

Example

1. **Market Disruption**

    1.1 Market disruption

    If, in relation to the Loan:

    (a) LIBOR is to be determined by reference to the Reference Banks but no, or only one, Reference Bank supplies a rate by 11.30 a.m. (London time) on the Rate Fixing Day or the Facility Agent otherwise determines that adequate and fair means do not exist for ascertaining LIBOR; or

    (b) by not later than 11.30 a.m. (London time) on the Rate Fixing Day, the Facility Agent receives notification from Banks whose aggregate outstanding participations in the Loan exceed 30 per cent. of the Loan that, in their opinion:

    (ⅰ) matching deposits may not be available to them in the London interbank market in the ordinary course of business to fund their participations in the Loan for the relevant Interest Period; or

(ii) the cost to them of obtaining matching deposits in the London interbank market would be in excess of LIBOR for the relevant Interest Period,

the Facility Agent shall promptly notify the Borrower and the Banks of the fact and that this Clause 12 is in operation.

1.2 Suspension of the drawdown

If a notification under Clause 12.2 (Market disruption) is given by the Facility Agent before the Loan is made, the Loan shall not be made. However, within five Business Days of receipt of the notification, the Borrower and the Facility Agent shall enter into negotiations for a period of not more than[312] 14 days with a view to[313] agreeing to an alternative basis for determining the rate of interest and/or funding applicable to the Loan. Any alternative basis agreed shall be, with the prior consent of all the Banks, binding on all the Parties and treated as part of this Agreement.

8. 증가비용 부담 조항

대출실행 후 입법 조치 등에 의하여 대출은행의 자금조달비용이 증가하여 은행의 이윤이 줄어들게 될 경우 차주가 이를 보상하겠다는 조항이다. 예치받은 대응 차입금에 원천징수세금이 부과되거나 지불준비금의 적립의무가 부과되는 때에는 대출은행의 자금조달비용이 증가하게 되는데, 이때 차주에게 이를 보상토록 하는 것이다.

---

312) ~이하의
313) ~할 목적으로

> **Example**

1. Increased costs

If, by reason of (i) any change in law or in its interpretation[314] or administration and/or (ii) compliance with such changed law or any request from or requirement of any central bank or other fiscal, monetary or other authority (including, without limitation, a request or requirement which affects the manner in which a Finance Party or any Affiliate of a Finance Party allocate[315])s capital resources to such Finance Party's obligations hereunder):

(a) a Finance Party or any Affiliate of a Finance Party incurs a cost as a result of such Finance Party's having entered into and/or performing its obligations under this Agreement and/or assuming or maintaining a commitment under this Agreement and/or participating in making the Loan hereunder;

(b) a Finance Party or any Affiliate of a Finance Party is unable to obtain the rate of return on its overall capital which it would have been able to obtain but for such Finance Party's having entered into this Agreement and/or performing its obligations hereunder and/or assuming or maintaining a commitment;

(c) there is any increase in the cost to a Finance Party or any Affiliate of a Finance Party of funding or maintaining all or any of its participation in the Loan hereunder; or

(d) a Finance Party or any Affiliate of a Finance Party becomes liable to make any payment on account of tax in respect of any amount payable under the Finance Documents (not being a tax imposed on the net income of such person's Facility Office by the jurisdiction in

---

314) 해석
315) 할당하다.

which it is incorporated or in which its Facility Office is located, unless and except to the extent that such tax is imposed on an amount deemed to be,[316] but not actually, received by such Finance Party or any Affiliate of a Finance Party (including, without limitation, any sum received or receivable under Clause [ ] (Taxes)) or otherwise on or calculated by reference to the amount of the Loan made or to be made by such Finance Party hereunder,

then the Borrower shall, from time to time within seven Business Days from the date of demand by the relevant Finance Party, promptly[317] pay to the Facility Agent for the account of that Finance Party amounts sufficient to indemnify such Finance Party or any Affiliate of that Finance Party against, as the case may be, (1) such additional cost, (2) such reduction in such rate of return (or such proportion of such reduction as is, in the opinion of that Finance Party, attributable to that Finance Party's obligations hereunder), (3) such increased cost or (4) such liability. At the same time as such a demand is made, the Finance Party shall supply a certificate of its increased costs containing reasonable details of the amount and basis of its claim. No Finance Party is under an obligation to disclose information which it reasonably considers to be confidential.

2. Notice of increased costs

A Finance Party intending to make a claim pursuant to Clause [ ] (Increased costs) shall notify the Facility Agent of the event by reason of which it is entitled to do so, whereupon the Facility Agent shall notify the Borrower thereof.

2 대출의 선행조건(Conditions Precedent)

대출의 선행 조건으로 관련되는 문서가 수령되어야 하고, 차주의 진술 및 보장이 지급일에도 대출금 지급일과 그 지급일 직후에도 유효하여야 할 뿐만 아니라, 채무불이행이 없어야 하고, 대출로 인하여 채무불이행이 되지 않아야 할 것 등을 분명히 하여둔다.

이처럼 진술 및 보장 조항은 대출 계약의 체결 시 뿐만 아니라 지속적으로 계약 관계에 영향을 주는 중요한 부분이다. 따라서 차주로서는 진술 및 보장 조항을 확정함에 있어 미래에 예상되는 변동 사항에 대하여 미리 예외를 설정해 두어야 하고, 일정한 사정이 발생하였을 때 차주에게 그러한 사정을 통지함으로써 진술 및 보장 의무 위반이 되지 않는다는 조항을 두거나, 진술 및 보장이 모두 정확한 것이 아니라 "중요한 부분에서" 진실하고 정확하다는 제한 조항을 두는 등(Representation and warranties shall remain true and accurate in all material respects) 협상을 통하여 차주의 권리를 방어할 필요가 있다.

일반적으로 대출의 선행 조건은 선행 조건으로 제시되어야 할 서류의 교부, 진술 및 보장 조항의 정확성, 채무 불이행의 부존재 등이다.

> **Example**
>
> **Conditions Precedent**
>
> (a) Documentary conditions precedent
>
> The Borrower may not deliver the Request until the Facility Agent has received all of the documents set out in Schedule 2 <u>in form and substance satisfactory to it</u>.[318)]

---

316) ~으로 간주되는
317) 신속하게
318) 형식과 실질에서 모두 만족스러운

> (b) Further conditions precedent
>
> The obligation of each Bank to participate in the Loan under Clause [ ] is subject to[319] the further conditions precedent that on both the date of the Request and the Drawdown Date:
> i. the representations and warranties in [ ] (Representations and warranties) to be repeated on those dates are correct and will be correct immediately after the Loan is made; and
> ii. no Default is outstanding or might result from the Loan.

선행 조건을 대주가 더 엄격한 선행 조건을 주장할 경우도 있다. 위와 같은 wording 대신에 "Neither an Event of Default nor an event which, with the giving of notice or the lapse of time or both, would constitute an Event of Default shall exist as of the date of each Disbursement" 와 같이 실제로 채무불이행이 발행한 경우 이외에도 "통지나 시간의 경과로 채무불이행이 될 수 있는" 사유의 발생의 부재를 선행 조건으로 주장하기도 한다.

대출의 선행 조건으로 대주에게 교부되어야 할 서류는 ⅰ) Certificate of Authority, ⅱ) 정관(Ariticles of Incorporation) 등 대출관련 회사 내부 서류, ⅲ) Acceptance Letter of Process Agent(송달 대리인의 수락서), ⅳ) 변호사의 법률 의견서 등이다. 내용을 상설하면 다음과 같다.

---

[319] ~에 종속하는

A. Certificate of Authority
(of a duly authorized officer: 권한 확인서)

> **Example**
>
> The persons listed below occupy the position[320]s stated against their respective names (and were occupying those positions on the date the Agreement and any other Finance Document was signed by any one of them), are the people duly authorised by the Company to sign the Finance Documents to which the Company is a party and all other documents in connection with the Finance Documents and the signatures appearing opposite[321] their names are their true signatures:
>
> <u>Name   Position   Specimen Signature</u>
>
> You may assume that this Certificate remains true and correct up until and including Drawdown Date, unless we notify you <u>to the contrary</u>[322] in writing.
>
> ....
> Authorised Officer

일정한 직위에 있는 임원이 관련 서류에 서명할 수 있는 권한이 있고, 서명이 진필임을 확인하는 서명 샘플(Specimen Signature)을 기재한다.

---

320) 직책
321) 반대편
322) 반대의 취지로

B. 위 확인서에 첨부하여, 대출계약이 유효하게 성립하기 위한 회사의 내부적 절차, 정부기관 등에 대한 신고를 모두 적법하게 거쳤다는 점을 증명하기 위한 다음의 서류를 요구한다.

(ⅰ) a copy of the Articles of Incorporation of the Borrower(정관)

(ⅱ) a copy of an extract relating to the Borrower from the Korean Commercial Registry(상업등기부 등본)

(ⅲ) a certified copy of the Internal Regulations regarding the Levels of Approvals of the Borrower (in Korean) together with a certified English translation of the relevant extracts thereof granting persons occupying a specified position within the Borrower the authority to sign the Finance Documents and any documents to be delivered by the Borrower pursuant thereto(관련 문서에 서명할 권한을 가진 사람에게 권한을 부여하는 내규의 사본과 번역본).

(ⅳ) a certified copy of the internal approval of the authorised signatory of the Borrower in respect of the execution, delivery and performance of the Finance Documents and the terms and conditions thereof(관련 문서의 서명 승인 문서의 정본).

(ⅴ) the authorised signatory book of the Borrower(승인된 서명첩); and

(ⅵ) a copy of the report from the Borrower to the [   ] relating to the facility under this Agreement with a seal affixed on the report by MOSF confirming that such report has been filed wit [   ](기획재정부 신고서).

C. Acceptance Letter of Process Agent(송달 대리인의 수락서)

서로 다른 나라에 있는 당사자 사이의 소장 송달에 관하여 민사 또는 상사의 재판상 및 재판외 문서의 해외송달에 관한 협약이 적용된다. 그러나 이 협약에 가입하지 않은 나라도 있고, 일정한 제한을 둔 국가도 있으므로 해당 거래에 관하여 송달 대리인을 사전에 지정하여 편의를 도모한다.

D. 변호사의 의견서(Legal Opinion of a Korean law legal advisers to the Borrower, satisfactory in form and substance to the Banks, addressed to the Finance Parties)

대출 계약서가 회사 내규나 법 등에 따라 유효하게 작성 및 체결되었고, 내용에 따라 집행될 수 있다는 내용의 의견서이다. 대출 계약서의 효력과 집행가능성에 문제가 있으면 의견을 낸 변호사에게 책임이 발생하게 되므로, 변호사는 이러한 의견서를 작성함에 있어 관련 문서 등을 면밀하게 검토하여 신중하게 업무를 수행하여야 한다(법률 의견서에 관하여 자세히는 제9장. 법률 의견서 부분 참조).

3 진술 및 보장

1. 적법한 설립, 계약의 승인, 계약의 유효성

> B. Status
>
> It is a licensed bank, duly incorporated and validly existing under the laws of Korea;
>
> C. Powers and authority
>
> It has the power to enter into and perform, and has taken all necessary action to authorise the entry into, performance and delivery of, the Finance Documents to which it is or will be a party and the transactions contemplated by those Finance Documents.

D. Legal validity

Each Finance Document to which it is or will be a party constitutes, or when executed in accordance with its terms will constitute, its legal, valid and binding obligation enforceable in accordance with its terms.

E. Authorisations[323]

All authorisations required or desirable in connection with the entry into, performance, validity, enforceability and admissibility in evidence of, and the transactions contemplated by, the Finance Documents have been obtained or effected (as appropriate) and are in full force and effect.

2. 대출 채권의 순위

대출 채권의 순위는 법률에 의하여 우선순위가 부여되는 경우를 제외하고 차주의 다른 채무와 동순위이다. "rank pari passu"는 동순위라는 의미이다.

Example

Pari passu ranking

Its obligations under the Finance Documents constitute its direct, general, unconditional, unsecured[324] and unsubordinated[325] obligations and rank and will rank pari passu without any preference among themselves and at least pari passu in all respects with all its other present and future unsecured and unsubordinated obligations, except for[326] obligations mandatorily preferred[327] by law applying to companies generally.

---

323) 승인
324) 무담보부의
325) 후순위가 아닌

3. 대주 행위의 특징을 확인

국가나 공공기관, 공기업이라면 주권의 면책특권(sovereign immunity)에 의하여 대주가 소송의 제기 등 권리 행사에 제한을 받을 수 있으므로 이를 미연에 방지하기 위하여 차주의 차입행위가 사적이고 상업적인 행위(private and commercial act)임을 밝혀둔다.

> **Example**
>
> **Immunity**
>
> i. The execution by the Borrower of each Finance Document constitutes, and its exercise of its rights and performance of its obligations under each Finance Document will constitute, private and commercial acts done and performed for private and commercial purposes[328] and
>
> ii. in any proceedings taken in Korea in relation to any Finance Document, the Borrower will not be entitled to[329] claim for itself or any of its assets immunity from suit, execution, attachment[330] or other legal process

4. 준거법

준거법이 영국법임을 명시한다. 또한 준거법인 영국법에 따라 판결을 얻었을 때 이 판결을 우리나라에서 어떻게 집행할 수 있는가의 문제에 관하여 민사소송법상 외국판결의 국내집행 방법을 명시해 둔다.

---

326) ~을 제외하고
327) 우선순위가 강제된
328) 사적이고 상업적인 목적으로 cf) for ~ purposes: ~한 목적으로
329) ~할 권한이 부여되다.
330) 압류 cf) provisional attachment: 가압류

> **Example**

F. Jurisdiction/governing law

  i. The Borrower's:

1. irrevocable submission under Clause [ ] (Jurisdiction) to the jurisdiction of the courts of England;
2. agreement that this Agreement is governed by English law; and
3. agreement not to claim any immunity to which it or its assets may be entitled, are legal, valid and binding under the laws of Korea; and

  ii. any judgment obtained in England will be recognised and be enforceable by the courts of Korea without re-trial or examination of the merits of the case[331] if:

1. such judgment is a final judgment of a court having valid jurisdiction;
2. the Borrower was served with service of process[332] in accordance with the lawful and appropriate way under the applicable law with the sufficient time necessary to defend, otherwise than by publication[333] or other similar method responded to the legal action without being served with process;
3. such judgment is not inconsistent with the public policy of Korea; and
4. judgments of the courts of Korea are similarly recognised[334] and enforced under the laws of England.

---

331) 사건의 본안
332) 송달
333) 공고
334) 승인된

5. 법규 등의 위반이 없음

계약의 체결과 이행이 법규, 정관, 다른 계약 등에 위반되지 않음을 밝혀둔다.

> **Example**
>
> G. Non-conflict
>
> The entry into and performance by it of, and the transactions contemplated by, the Finance Documents do not and will not:
> i. conflict with any law, regulation, judgment or judicial or official order;
> ii. conflict with the constitutional documents of the Borrower or any of its Subsidiaries;
> iii. conflict with any document which is binding upon the Borrower or any of its Subsidiaries or any of its assets; or
> iv. result in the creation or imposition of any Security Interest over any of its assets.

6. 채무 불이행이 없음

채무불이행이 존재하지 않음을 진술 보장한다. 한편, 차주가 본건 대출계약상 의무위반 없이 계약을 이행하고 있더라도, 차주나 차주와 관련된 회사(자회사 등을 의미한다)가 "다른" (아래 (b)의 no other event) 계약상의 의무를 위반하는 경우 대주가 이를 이유로 본건 대출 계약의 채무불이행을 선언할 수도 있다. 이처럼 다른 계약상의 의무 위반이 본건 계약의 채무불이행이 되는 것을 "Cross Default"라 한다.

대주의 입장에서 보면, 차주가 체결한 계약 중 하나라도 채무 불이행이 있으면 이는 다른 계약상 채무 불이행도 생길 수 있는 신호가 된다고 이해할 수 있으므로 이러한 조항은 대출 계약에 매우 빈번하게 포함된다.

> **Example**
>
> H. No default
>
> i. No Default is outstanding or might result from the making of the Loan; and
> ii. <u>no other event</u> is outstanding which constitutes (or with the giving of notice, lapse of time, determination of materiality or the fulfillment of any other applicable condition or any combination of the foregoing, might constitute) a default under any document which is binding on <u>any member of the Group</u> or any asset of any member of the Group to an extent or in a manner which might have a material adverse effect.

7. 법률적 분쟁이 없음

법적인 분쟁이 없음을 명확히 한다. 여기에는 현재 계류 중인 쟁송 뿐만 아니라 분쟁이 임박한(아래 threatend) 경우도 포함하기 때문에, 본건 계약 체결시에는 분쟁이 시작되지 않았지만, 계약 체결 후 분쟁의 패배로 인하여 차주가 상당한 재정상의 부담을 안게 되는 소송이 제기된 경우 대주는 이 조항에 근거하여 채무 불이행 선언을 할 수 있다. 차주로서는 이와 같은 분쟁이 중대한 악영향(material adverse effect)을 미칠 수 있는 것이 아니라는 항변을 할 수 있을 것이다.

> **Example**
>
> I. Litigation
>
> No litigation, <u>arbitration</u>,335) administrative, investigative or winding-up proceedings are current or, to its knowledge, pending or <u>threatened</u>, which might, if adversely determined, have a <u>material</u> adverse effect.

---

335) 중재

8. 진술 및 보장의 효력

진술 및 보장은 계약 체결일에 이루어지지만, 매 대출금 지급 요청일과 이자 기간의 초일에도 반복되어 그 효력이 있는 것으로 본다. 따라서 차주는 향후에 발생할 수도 있는 사실들을 예측하여 그 발생에 의하여 채무불이행이 되지 않도록 본건 계약에 해당 내용들을 반영해 둘 필요가 있다.

> **Example**
>
> J. Times for making representations and warranties
>
> The representations and warranties set out in this Clause [ ]:
>
> i. are made on the date of this Agreement; and
>
> ii. (with the exception of paragraphs [ ] of Clause [ ]) are <u>deemed to be repeated</u> by the Borrower on the date of the Request and the first day of each Interest Period with reference to the facts and circumstances then existing.

4 차주의 약정

1. 재무 관련 정보 제공

차주의 재무 상황의 변화는 대주에게 매우 중요한 사항이기 때문에 차주는 재무 관련 정보를 제공할 의무를 엄격히 부담한다.

> **Example**
>
> ⓑ Financial information
>
> The Borrower shall supply to the Facility Agent in sufficient copies for all the Banks:
>
> i. as soon as the same are available (and in any event within 120 days of the end of each of its financial years) independently audited consolidated accounts (including, but not limited to, <u>consolidated balance sheets</u>[336] and <u>consolidated income statements</u>[337]) of the Borrower and its Subsidiaries for that financial year;
>
> ii. as soon as the same are available (and in any event within 120 days of the end of each of its financial years) independently audited non-consolidated accounts (including, but not limited to, non-consolidated balance sheets and non-consolidated income statements) of the Borrower for that financial year; and
>
> iii. as soon as the same are available (and in any event within 90 days of the end of the first half-year of each of its financial years) the unaudited non-consolidated accounts (including, but not limited to, non-consolidated balance sheets and non-consolidated income statements) of the Borrower for that half-year.

2. 채무의 동순위

대출 계약상 채무자의 채무가 동순위임을 약정한다.

---

336) 연결 대차대조표
337) 연결 손익계산서

> **Example**
>
> ⑨ Pari passu ranking
>
> The Borrower shall procure that its obligations under the Finance Documents constitute its direct, general, unconditional, unsecured and unsubordinated obligations and rank and will rank pari passu without any preference among themselves and at least pari passu in all respects with all its other present and future unsecured and unsubordinated obligations, except for obligations mandatorily preferred by law applying to companies generally.

3. 담보제공금지약정

차주가 대출을 받은 다음 제3자에게 담보를 설정하면, 해당 대주의 차주에 대한 경제적 권리는 희석될 수밖에 없다. 따라서 차주가 제3자에게 담보 제공을 하지 않고, 그처럼 담보를 제공하는 경우에는 사채권자에게도 동등한 담보를 제공하겠다는 약속을 하게 되는데, 이를 담보제공금지 약정(Negative Pledge Covenant)이라 한다.

> **Example**
>
> A. Negative pledge
>
> ⅰ. The Borrower shall not, and shall procure that no other member of the Group will, create or permit to subsist any Security Interest on any of its assets.
>
> ⅱ. Paragraph (a) does not apply to:
>
> 1. any Security Interest created by the Borrower in its ordinary course of business in favour of The Bank of Korea over[338] promissory notes[339], treasury notes, monetary stabilisation bonds[340] or other commercial

---

338) A 자산에 대하여 담보를 설정하다. Create any Security Interest over A asset

paper issued by the government of Korea or any of its governmental agencies to secure amounts borrowed by the Borrower from The Bank of Korea to fund discount facilities and/or concessionary loans made or to be made available by the Borrower in its ordinary course of business to its customers in Korea;

2. any Security Interest arising in connection with repo transaction[341]s or asset-backed securitisation[342] of any member of the Group;

3. any Security Interest over any immovable property owned by any member of the Group as security for the repayment by that member of the Group to a tenant of that property of any security deposit paid by such tenant[343] to that member of the Group upon taking a tenancy or lease of that property;

4. any statutory lien arising in the ordinary course of business of a member of the Group and securing indebtedness incurred otherwise than in connection with the borrowing or raising of money which is overdue for not more than 30 days;

5. any Security Interest arising or preference given under mandatory[344] provisions of Korean law applicable generally to corporations established under the laws of Korea, by virtue of[345] a failure by any member of the Group to meet an obligation provided that such Security Interest does not subsist for more than 30 Business Days and that the principal amount thereby secured is not increased after the date such Security Interest is created;

---

339) 약속어음
340) 통화안정화 증권
341) 환매조건부 거래(Repurchase Agreement)
342) 자산담보부 증권
343) 임차인
344) (법에 의하여) 강제적인, 의무적인

6. any Security Interest on any asset acquired by a member of the Group after the date of this Agreement and subject to which such asset is acquired if:

   A. such Security Interest was not created in contemplation of the acquisition of such asset by that member of the Group;

   B. the amount thereby secured has not been increased in contemplation of, or since the date of, the acquisition of such asset by that member of the Group; and

   C. such Security Interest is <u>remove</u>[346]d or <u>discharge</u>[347]d within six months (or such longer period as agreed by the Majority Banks) of the date of acquisition of such asset;

7. any Security Interest disclosed in the Original Accounts which is still subsisting at the date of this Agreement or any other Security Interest created before the date of this Agreement and disclosed in writing to the Banks before the date of this Agreement, provided that the principal amount thereby secured is not increased after the date of this Agreement;

8. any Security Interest over assets the most recent <u>book value</u>[348] of which, when aggregated with the most recent book value of any other assets that are subject to Security Interests other than those permitted under sub-paragraphs (i) to (vii) above, does not exceed 10 per cent. of the then applicable Consolidated Total Assets Amount; and

9. any Security Interest over cash deposits or marketable investment securities in favour of any exchange or financial institution by way of <u>margin collateral</u>[349] for dealings in <u>derivatives</u>[350] in the ordinary course of trading.

---

345) ~에 의하여, ~때문에
346) 제거하다.
347) 해소하다.

4. 자산의 처분 등 중요한 처분의 제한

채무자의 자산은 본건 계약상 대주의 채권의 이행을 담보할 책임자산이 되므로, 대주로서는 차주의 자산 처분을 제한할 필요가 있다. 그러나 대출 계약을 체결한다고 해서, 차주의 자산 처분의 자유를 완전히 제한할 수는 없으므로 자산의 중요한 처분(substantial part of its asset)을 제한한다. 이와 동일한 맥락에서 사업의 변경, 합병과 인수 역시도 제한한다. 사업의 변경이나 합병 등에 대주 과반수의 사전 동의를 요구하기도 하고, 이를 위한 제안 등이 있는 경우 이를 즉시 대주에게 통지하도록 한다.

> ① Disposals
> i. The Borrower shall not either in a single transaction or in a series of transactions, whether related or not and whether voluntarily[351] or involuntarily, sell, transfer, grant or lease or otherwise dispose of all or any substantial part of its assets.
> ii. Paragraph (a) does not apply to:
> 1. disposals made in the ordinary course of business of the disposing entity (including, but not limited to, the disposal of non-performing loans,[352] which consists of the substandard, doubtful and estimated loss loans as stated in the relevant Original Accounts); or
> 2. disposals of assets in exchange for[353] other assets comparable or superior as to type, value and quality.

---

348) 장부가치
349) 담보증거금
350) 파생금융상품
351) 자발적으로
352) 부실채권
353) ~과 교환으로

ⓙ Change of business

Unless the Majority Banks otherwise agree, the Borrower shall only carry on banking business and not any other area(s) of business) which, in the opinion of the Majority Banks, is not banking business.

ⓚ Mergers and acquisitions

i. The Borrower shall not enter into any amalgamation, demerger, merger or reconstruction on a solvent basis where the merged entity is liable for the obligations of the Borrower (including its obligations under the Finance Documents) and is entitled to all the rights of the Borrower.

ii. The Borrower shall promptly notify the Facility Agent (with sufficient details) of all proposals for amalgamation, demerger, merger or reconstruction agreed to be entered into by the Borrower, including without limitation any notice of merger or management improvement in respect of the Borrower of which the Borrower has received a copy and has been made aware from the FSS or FSC, or its successors, pursuant to the Regulation on Bank Supervision issued by the FSC.

5. 법규의 준수

Example

ⓛ Compliance with laws

The Borrower shall, and shall procure that each member of the Group will, comply with all present and future laws and requirements from any governmental or other authority applicable to it or its assets at all times.

6. 채무불이행

다양한 채무불이행의 사유를 규정한다. 차주의 진술 및 보장 위반도 채무 불이행 사유에 해당한다(아래 Misrepresentation 부분). 이점은 사채 계약과 다른 점이다. 아래 예시 중 진술 및 보장에서 설명한 바 있는 "Cross-default" 조항이 포함되어 있다. 차주뿐만 아니라 그와 관련된 회사의 채무도 포함이 되어 있고, 채무 불이행 자체뿐만 아니라 통지, 시간의 경과, 중요성에 대한 판단, 조건의 성취 등에 따라서 채무 불이행이 "될 수 있는" 역시 포함하는 광범위한 조항으로 구성되어 있다. 역시 예시에서 볼 수 있는 바와 같이 채무자 등의 지급불능(insolvency), 지급불능이 결정될 절차의 시작(insolvency proceeding), 관재인의 선임(appointment of receivers), 일정한 기간 동안 채권자의 압류 등의 지속(Creditor's Process), 영업의 중단(cessation of business), 불법(unlawfulness), 정부 승인의 취소(authorization revoked), 모라토리움의 선언(Moratorium), 중대한 불리한 사정의 발생(Material Adverse Change) 등도 채무불이행 사유로 포함된다.

한편, 채무불이행 사유가 발생하면 차주에 대하여 통지의 방법으로 대출하기로 약정한 부분을 취소, 대출금과 이자 등을 포함한 금원의 지급을 요구할 수 있도록 한다. 따라서 채무는 이러한 통지 이외의 추가적 통지나 절차 없이 즉시 기한이 도래하도록 정하는 경우도 빈번하다. 아래 예시도 그러하다.

Example

ⓐ Events of Default

Each of the events set out in Clause [ ] through Clause [ ] is an Event of Default (whether or not caused by any reason whatsoever outside the control of the Borrower or any other person).

ⓑ Non-payment

The Borrower does not pay on the due date any amount payable by it under the Finance Documents at the place at and in the currency in which it is expressed to be payable, unless the Borrower demonstrate[354])s to the satisfaction of the Majority Banks that the failure to pay is solely due to administrative or technical reasons affecting the transfer of funds outside the control of the Borrower despite timely payment instructions having been given by the Borrower and such payment is actually received by the Facility Agent within two Business Days from the due date.

ⓒ Breach of other obligations

ⓓ The Borrower does not comply with any provision of the Finance Documents (other than those referred to in Clause [ ](Non-payment)) and, if that non-compliance is remediable[355]), that non-compliance continues for a period of seven Business Days or more after written notice of non-compliance is given by the Facility Agent to the Borrower.

ⓔ Misrepresentation

A representation, warranty or statement made or repeated in or in connection with any Finance Document or in any document delivered by or on behalf of the Borrower under or in connection with any Finance Document is, in the opinion of the Majority Banks, incorrect in any material respect when made or deemed to be made or repeated.

ⓕ Cross-default

  i. Any Financial Indebtedness of one or more members of the Group is not paid when due or after the expiry of any applicable grace period; or
  ii. an event of default howsoever described (or any event which with the giving of notice, lapse of time, determination of materiality or fulfilment of any other applicable condition or any combination of the foregoing would constitute such an event of default) occurs under any

document relating to any Financial Indebtedness of a member of the Group; or

and that the aggregate amount of Financial Indebtedness in respect of which any one or more of the events mentioned in paragraphs (a) to (b)above has occurred exceeds U.S.$10,000,000 (or its equivalent[356] in any other currencies).

If an Event of Default has occurred under this Clause [ ]due to an event (trigger event) referred to in paragraphs (a) through (e) above, that Event of Default shall be deemed to have been cured or waived if the Majority Banks, in their sole discretions, determines that the trigger event has been irrevocably and unconditionally waived by the relevant creditors of the relevant member of the Group or irrevocably and unconditionally accepted by the relevant creditors as being cured[357], in each case within seven Business Days of the occurrence of that trigger event. This is without prejudice to the continuance of any Events of Default which may have occurred by reason of the occurrence of any other trigger events which have not been so waived or accepted as cured.

⑨ Insolvency

   ⅰ. A member of the Group is, or is deemed for the purposes of any law to be, unable to pay its debts as they fall due or to be insolvent, or admits inability to pay its debts as they fall due[358]; or

   ⅱ. a member of the Group suspends making payments on all or any class of its debts or announces an intention to do so, or a moratorium is

---

354) 입증하다.
355) (하자를) 치유할 수 있는
356) 대등액
357) (하자가) 치유되다.
358) 납기가 도래한 때

declared in respect of any of its indebtedness; or

iii. a member of the Group, by reason of financial difficulties, begins negotiations with one or more of its creditors with a view to the readjustment or rescheduling of any of its indebtedness.

ⓗ Insolvency proceedings

i. Any step[359] (including petition[360], proposal or convening a meeting) is taken with a view to a composition, assignment or arrangement with any creditors of any member of the Group; or

ii. a meeting of any member of the Group is convened for the purpose of considering any resolution for (or to petition for) its winding-up or for its administration or any such resolution is passed; or

iii. any person presents a petition for the winding-up or for the administration of any member of the Group and such petition is not discharged within 14 days from the date of the presentation; or

iv. an order for the winding-up or administration of any member of the Group is made; or

v. any other step (including petition, proposal or convening a meeting[361]) is taken with a view to the rehabilitation, administration, custodianship, liquidation, winding-up or dissolution of any member of the Group or any other insolvency proceedings involving any member of the Group.

ⓘ Appointment of receivers and managers

i. Any liquidator, trustee in bankruptcy, judicial custodian, compulsory manager, receiver, administrative receiver, administrator or the like[362] is appointed in respect of any member of the Group or any part of its assets; or

---

359) 조처
360) 신청

ii. the directors of a member of the Group request the appointment of a liquidator, trustee in bankruptcy, judicial custodian, compulsory manager, receiver, administrative receiver, administrator or the like; or

iii. any other steps are taken to enforce any Security Interest over any part of the assets of a member of the Group which may, in the opinion of the Majority Banks, adversely affect its financial condition or the ability of the Borrower to perform or comply with its obligations under the Finance Documents.

ⓙ Creditors' process

Any attachment, sequestration, distress or execution affects any asset of a member of the Group and, if such attachment, sequestration, distress or execution is contested in good faith by the Borrower, it is not discharged in favour of the Borrower within 30 days (or such longer period as agreed by the Majority Banks) of the effective date of such attachment,[363] sequestration,[364] distress[365] or execution.

ⓚ Cessation of business

A member of the Group ceases, or threatens to cease, to carry on all or a substantial part of its business.

ⓛ Unlawfulness

i. It is or becomes unlawful for the Borrower to perform any of its obligations under the Finance Documents; or

ii. the Borrower repudiates or does or causes to be done any act or thing evidencing an intention to repudiate this Agreement.

---

361) 회의의 소집
362) ~등(~와 같은)
363) 압류
364) 몰수

ⓜ Material adverse change

Any event or series of events occurs which have or which, in the reasonable opinion of the Majority Banks, might have a material adverse effect.

ⓝ Authorisation Revoked[366]

Any authorisation (including without limitation all foreign currency borrowing or foreign exchange control approvals (if any)) required under any law or regulation to enable the Borrower to perform its obligations under, or for the validity or enforceability of, any Finance Documents is revoked, withdrawn or withheld.

ⓞ Moratorium

A general moratorium is declared (whether by the government of Korea or any of its agencies or otherwise) or any such moratorium occurs de facto or a general rescheduling is made with respect to the indebtedness of the Borrower.

ⓟ Change of Control
　ⅰ. The Borrower ceases to be controlled, directly or indirectly, by [ ] or
　ⅱ. [ ]ceases to own, directly or indirectly, at least eighty per cent. (80%) of the issued share capital or similar right of ownership of the Borrower.

ⓠ Judgment debt

Any member of the Group fails within 30 days of the date of any final judgment or final order to comply with or pay any sum due from it under any such final judgment or final order made or given by any court of

---

365) 동산의 압류
366) 취소된

competent jurisdiction and (in the case of a failure to pay) any and all such sums in aggregate exceed (or the equivalent thereof in U.S.$ exceed) U.S.$10,000,000 (such aggregate being the aggregate for any and all such judgments and orders for any or all members of the Group).

ⓡ Accounts

Any audited account of the Borrower supplied to the Facility Agent under this Agreement is qualified by the auditors of the Borrower, provided, however, that the Majority Banks shall first review the nature and scope of any such qualification by the auditors before determining, in their discretion (to be reasonably exercised) whether the relevant qualification by the auditors is sufficiently material as to constitute an Event of Default.

ⓢ Acceleration[367]

On and at any time after the occurrence of an Event of Default the Facility Agent may, and shall if so directed by the Majority Banks, by notice to the Borrower and the Banks:

　ⅰ. cancel the Total Commitments; and/or
　ⅱ. demand that all or part of the Loan, together with accrued interest and all other amounts accrued under the Finance Documents, be immediately due and payable, whereupon they shall become immediately due and payable; and/or
　ⅲ. demand that all or part of the Loan be payable on demand.

ⓣ Loan payable on demand

At any time after the Facility Agent has made a declaration that all or part of the Loan (as the case may be) is due and payable on demand pursuant to Clause [　] (Acceleration), the Facility Agent shall, if so directed by the Majority Banks, by notice to the Borrower (with a copy to the Banks):

ⅰ. either:

   1. withdraw³⁶⁸⁾ such declaration with effect from the date specified in that notice; or

   2. require all or part of the Loan (as the case may be) be repaid on the date specified in that notice, whereupon it, together with accrued interest thereon and all other amounts accrued under the Finance Documents, shall become due and payable on that specified date; and/or

ⅱ. select a period of such duration as the Majority Banks may determine as the duration of any Interest Period which begins whilst³⁶⁹⁾ such declaration remains in effect.

---

367) 기한이익의 상실
368) 철회하다.
369) ~인 동안(=while)

직접 금융

I. 증권의 발행

1 직접 금융(Direct Financing)

회사가 직접 금융으로 자금을 조달하는 방법은 크게 주식과 사채의 발행으로 나눌 수 있고, 이 양자의 중간적 방법으로 전환사채(Convertible Bonds), 신주인수권부사채(Bonds with Warrant) 등 다양한 증권의 발행방법이 있다.

주식을 발행하면 주식을 인수하는 주주는 주주권의 일부로서 의결권을 갖는데, 회사의 중대한 의사결정은 주주총회를 거쳐야 하고, 주주는 이사의 해임청구권, 주주제안권 등 의결권을 통하여 경영진을 견제할 수 있다. 그러나 사채에는 의결권이 없기 때문에 회사로서는 이러한 부담이 없다.

회사는 영업을 하고 남은 수익이 있는지 여부를 불문하고 사채권자의 원리금을 정해진 날짜에 우선적으로 갚아야 한다. 반면, 주주의 경제적 권리인 배당청구권은 이익이 있는 경우에 이사회의 의사결정-배당을 할 것인지, 배당을 하지 않고 재투자할 것인지에 관한-을 거쳐야 발생하는 것이기 때문에, 회사로서는 사채권자에 비하여 주주에 대한 배당의 경제적 압박은 덜하다. 그러나 사채는 원리금을 상환하면 소멸하는 것이지만, 주식은 회사가 존재하는 한 계속하여 존재하기 때문에 장기적으로는 회사의 경제적 부담이 있다고도 볼 수 있다

직접 금융을 택한 회사는 증권을 발행하여 자금을 조달한다. 이때 회사가 조달하여야 하는 자금의 규모가 크기 때문에 소수의 투자자에게 청약을 권유하여서는 원하는 만큼의 자금조달에 성공할 수 없다. 따라서 경영진은 자신의 지인에게 증권을 발행하는 방법이 아니라 불특정 다수의 투자 대중에게 청약의 권유를 하여야 한다. 바로 이 때문에 소유(주주)와 경영(이사)이 분리되는 현상이 일어난다. 불특정 다수에 대한 증권의 청약의 권유를 공모라 하고, 그렇지 않은 경우를 사모라 한

다. 공모의 경우에는 관련되는 다수의 투자자를 보호하기 위하여 자본시장법상 여러 규제가 적용된다.

증권의 발행에는 여러 주체가 관련되는데, 발행인(issuer), 인수인(underwriter)이 주된 주체이다. 발행인을 증권을 발행하는 회사를 가리킨다. 인수인은 증권의 발행이 성공적으로 이루어질 수 있도록 돕는 역할을 수행하는데, 발행되는 증권을 모두 인수인이 인수하는 것을 총액인수(firm-commitment underwriting), 매수되지 않은 증권을 인수인이 인수하기로 하는 것(stand-by underwriting)을 잔액인수라 한다. 변호사는 발행인 측 또는 인수인 측 자문인이 되는데, 인수인 측 자문인이 되는 경우가 엄격한 실사 등 업무 부담이 더 크다.

2 공시주의(Disclosure system)

공시주의는 알 권리가 있는 자에게 중요한 정보를 제공하여야 한다는 규제 철학이다. 공모의 측면에서 투자자는 발행회사에 대하여 중요한 정보를 알고 이에 기초하여 투자판단을 내릴 수 있어야 한다는 것이다. 자본시장법상 공모 시의 공시주의는 구체적으로 법이 정한 사항을 담은 증권신고서를 금융위원회에 제출하고, 투자설명서를 투자자에게 교부하도록 하고 있다.

론의 경우 거래 리스크를 분석할 능력이 있는 기관 투자자가 대출을 행하는 것이므로 공시규제의 보호가 필요 없지만, 사채는 그와 같은 능력이 없는 투자 대중에게 발행되므로 공시규제의 개입이 있게 된다(다만 국제채의 경우 아래에서 설명하는 바와 같이 공시규제의 예외를 향유한다).

국내의 발행회사가 해외의 투자자에게 증권을 발행하는 해외증권발행 거래 시에는 그 준거법이 미국법인 경우가 많은데, 이와 같은 자본시장법상의 공시규제 내용은 미국 증권법(the Securities Act of 1933)과 증권거래법(the Securities Exchange Act of 1934)을 모델로 하였다.

공모 시에는 규제 기관인 SEC(the Securities Exchange Commission)에 증권신고

서(Registration statement)를 제출하고, 투자자에게 투자설명서(Prospectus, Offering Circular)를 원하는 투자자에게 교부하여야 한다. 해외 증권발행 딜에서 변호사는 관련 계약서 이외에 증권신고서와 투자설명서를 검토하고 여기에 comment를 작성하는데 이것이 변호사의 주요한 업무이다. 사모의 경우에는 이와 같은 증권신고서 제출, 투자설명서 교부의 의무가 없지만, 투자자에게 교부하는 참고서류로서 사모투자 안내서(Private Placement Memorandum)를 작성한다.

공모 시의 이러한 규제 때문에 발행인은 SEC에 증권신고서를 제출하고 이 신고서가 수리되기 전[370]에는 투자자를 모집할 수 없다. 그런데 발행인에게는 투자자의 모집이 시각을 다투는 일이므로 이 대기기간 동안 정식 투자설명서가 아닌 예비 투자설명서(Preliminary prospectus)[371]를 가지고 투자자에게 청약의 권유를 할 수 있도록 하고 있다.

3 10b-5 opinion

한편, 증권거래법은 증권시장에 참여하는 주체는 증권시장에서 어떠한 사기적 행동도 하여서는 안 된다는 사기금지규정을 두고 있는데, 이 규정은 사기적 행동의 태양을 매우 포괄적으로 규정하고 있다. 때문에 증권거래법 제10조(Section 10)를 포괄적 사기금지규정이라고 부른다.[372] 증권시장에서 발생할 수 있는 사기적 행동의 태양이 법 내용에 구체적으로 적시하기 어려울 정도로 매우 다양할 뿐만 아니라 시간이 흐름에 따라 생겨날 수 있는 신종의 사기행위를 포섭할 필요가 있기 때문이다.

---

370) 이때 신고 후 신고 수리까지의 기간을 대기기간(waiting period)라고 한다.
371) 실무에서는 이 예비 투자설명서를 "red herring"이라고 부른다. 예비 투자설명서에는 증권의 가격 등 중요한 정보가 공란으로 되어 있고, 사용되는 투자설명서가 정식 투자설명서가 아닌 예비 투자설명서로서 일정한 내용이 사후에 변경될 수 있음을 기재해 두어야 한다.
372) 우리 자본시장법이 별도로 규정을 마련하고 있는 내부자거래, 시세조종행위 등도 미국에서는 이 규정에 의하여 규율되고 있다.

증권의 발행시 변호사에게 업무를 맡기는 의뢰인(client)이 변호사에게 해당 거래가 증권거래법 제10조에 위반되지 않는다는 의견서를 내어줄 것을 요청하는 것이 드물지 않은데, 이 의견서를 10b-5 opinion이라고 한다. 따라서 이 의견서를 발행하는 것도 해외증권 발행시 변호사의 주요한 업무이다.

II. 해외 증권의 발행

1 분류

증권에는 사채 이외에도 주식연계채권으로 전환사채(Convertible Bond), 신주인수권부사채(Bonds with Warrants), 교환사채(Exchangeable Bonds) 사채는 발행지와 표시 통화에 따라 내국채(domestic bond)와 국제채(international bond)로 나뉘어진다. 국내채를 발행하는 경우 특별히 법률 영어를 쓸 일이 없다. 그러나 국제채를 발행하게 되면, 모든 문서가 영문일 뿐만 아니라 영어로 소통이 이루어진다.

국제채는 내국채와 비교할 때, 양도가능한 소지인식(negotiable bearer instrument)으로 비등록채(not registered)로 발행된다. 전문 투자자(sophisticated investor)들에게 발행되기 때문에 증권신고서 제출 등의 규제를 받지 않는다는 점에서 차이가 난다.

국제채는 다시 외국채(Foreign Bond)와 유로본드(Euro-bond, 이하 "유로채"라 한다), 글로벌 본드(Global Bond)[373]로 구분된다. 외국채는 양키본드(Yankee Bond), 사무라이본드(Samurai Bond) 등과 같이 표시통화의 국가, 즉 시장이 소재한 나라에서 그 국가의 인수단이 그 국가의 투자자들에게 발행, 판매하는 증권이다. 외국채는 발행자가 비거주자인 점을 제외하고 내국채와 유사하므로 발행국의 관련 법규가 거의 그대로 제공되며, 채권은 대부분 등록 발행된다.[374]

이에 반하여, 유로채는 유로달러본드, 유로엔본드 등과 같이 표시통화의 국가 이

---

[373] 전 세계 주요 금융시장에서 동시에 발행, 판매되는 단일통화채권으로 일시에 거액의 자금조달이 가능하고, 다양한 투자자를 확보할 수 있기 때문에 지속적으로 증가세에 있다.
[374] 한국금융연수원, 『국제채』(1996), 5면.

외의 국가에서 국제적 채권인수단을 통하여 주로 표시통화 소속국 이외의 투자자들을 대상으로 발행, 판매된다. 이처럼 초국가적으로 역외시장에서 발행되기 때문에 채권의 발행이나 유통에 있어 어느 특정국가의 규제를 받지 않고, 발행 조건 등에 있어 선택의 폭이 크다. 이런 이유에서 유로채가 매우 인기가 높고, 우리나라 회사들은 해외증권을 상당부분 유로 시장에서 발행해왔다. 따라서 본고에서는 유로시장에서 발행되는 일반 사채(Straight Bond)를 중심으로 설명을 하기로 한다. 사채에는 일반 사채 외에도 주식연계채권으로 전환사채, 신주인수권부사채, 교환사채가 있다.

2 발행 당사자

유로채 발행은 대개 공모의 방식에 의한다. 발행회사인 발행인(issuer)은 업계에서의 명성, 인수 실적과 능력 등을 감안하여 채권발행교섭의뢰서(Mandate Letter)를 보내어 주간사 회사(lead manager)[375]를 선정한다. 선정된 회사는 이자율과 인수가격이 공란인 예비 투자설명서를 다른 인수인(underwriters) 또는 판매인 그룹(selling Group)에게 보내고, 다른 기관투자자들을 모아 간사단(managing Group)[376]을 구성한다.

영국의 실무에서는 발행인과 간사단 사이에서는 간사단이 연대하여(jointly and severally) 사채 총액을 인수(firm commitment)하고, 미국의 실무는 발행인에 대하여 간사단이 분할채무(several liability)만을 부담한다. 연대채무를 부담하는 경우에도 간사단 구성원들 사이에서는 내부적으로 간사단간 계약(agreement among managers)을 체결하여 내부적으로 부담부분을 정한다.

---

375) 대표 주간사로 불리기도 하나, 주간사회사라는 명칭이 더 빈번히 사용된다. 대표주관회사주 간사 발행사화 협의하여 채권의 인수 조건을 결정하고, 간사단을 구성하며, Due-diligence를 수행한다. 시장 상황과 투자자 기호, 발행회사의 상황에 적합한 발행 조건을 제안하기도 하고, 사업설명서를 작성하고, 유로채 발행 후 안정조작(Stablization)을 하는 등 사채발행에 있어 주도적 역할을 수행한다.

376) 사채의 인수를 맡은 회사들을 간사단이라고 한다.

인수인은 발행회사를 대신한 간사단과 인수계약(Underwriting Agreement)를 체결하고, 매출의 목적으로 사채의 전부 또는 일부를 취득하거나, 판매회사가 매입하지 않은 부분을 취득할 책임을 지고, 판매인 그룹은 주관사로부터 판매 물량을 할당 받아 최종 투자자에게 판매하는 역할을 담당한다.

이후 간사단은 발행인과 유로채를 인수하는 인수계약(Subscription Agreement)를 체결하는데, 이때 이자율과 인수가격을 결정한다. 그리고 결정된 이자율과 인수가격이 반영된 최종의 투자설명서를 판매단이나 매수인에게 보낸다.

발행인과 간사단 이외에도 재무대리인(또는 수탁자)과 대리은행이 그 관련 당사자인데, 수탁계약(Trust Deed), 재무대리인계약(Fiscal Agency Agreement)이 체결된다. 수탁회사는 사채권자들의 이익을 대변하는 주체인데, 이를 두지 않고 재무대리인을 두기도 한다.[377] 재무대리인은 발행회사의 대리인으로 지급대리인(paying agent)의 위치도 가지며, 사채의 원금의 상환, 이자 지급과 관련된 제반 업무를 수행한다.

이외에도 딜에 있어서는 발행인을 위한 상장 대리인(listing agent)이 있다. 사채는 유통성을 확보하기 해당 증권거래소에 상장되는데, 유로채는 주로 룩셈부르크 증권거래소 또는 런던 증권거래소에 상장된다. 투자의 목표 시장을 어디로 잡느냐에 따라 싱가포르, 프랑크푸르트, 취리히 등에도 상장이 되지만, SEC가 Enron 사태 이후 상장에 매우 엄격한 조건을 걸고 있기 때문에 New York에는 상장되지 않는다. 상장 대리인은 발행인이 사채를 외국의 증권거래소에 상장할 때 상장관련 업무협의, 상장신청 등의 상장 절차를 대행한다.

유로채의 결제를 위한 국제결제기구인 Euroclear System(이하 "Euroclear"이라 한다) 및 Cedel Bank, societe(불어 표기 check) anonyme(이하 "Cedel"이라 한다)와 사채권의 실물을 보관하는 Euroclear와 Cedel의 공동 예탁기관이 중요한 역할을 한다.

거래의 종결(Closing)시에 발행인은 선행조건 서류와 글로벌 본드를 결제 시스

---

[377] 전환사채, 신주인수권부 사채 등 주식성격을 띤 사채를 발행할 때 수탁회사를 두는 것이 일반적이다. 근래에는 한국법을 준거법으로 하고 수탁회사를 정하지 않는 해외사채 발행이 증가세에 있다고 한다. 증권예탁결제원, 『해외증권업무안내』(2007), 10면.

템을 위하여 공동 예탁자에게 교부하고, 판매단이나 기타의 매수인은 주간사에게 인수대금을 납입하면 주간사는 이를 발행인에게 전달한다. 이러한 작업에 대략 1주 내지 3주가 소요된다.

전체 거래와 관련하여 변호사들은 발행회사나 간사단 측에 법률 자문을 제공한다. 구체적으로는 실사를 수행하여 발행과 관련된 법률적인 문제점을 검토하고, 관련 당사자들의 의견을 조율, 종합하여 관련 문서를 작성하며, 법률 의견서를 발행한다. 공인회계사들은 발행회사의 재무제표를 작성하고, 투자설명서에 발행인의 재무상태 등의 적정하게 표시되어 있는지 확인하는 재무제표 동의서(Consent Letter)와 Comfort Letter를 발행한다.

3 관련 문서

딜을 위하여 검토하여야 할 많은 양의 영문 문서가 있다. 관련된 문서는 ⅰ) 투자설명서(Prospectus_, ⅱ) 사채(Bond 또는 Note), ⅲ) 인수계약서(Subscription Agreement), ⅳ) 재무대리인계약서(Fiscal Agency Agreement), ⅴ) 대리은행계약서(Agent Bank Agreement 또는 Reference Bank Agreement), ⅵ) 간사단간계약서(Agreement Among Managers) 등이다.

이 중 ⅱ) 사채는 사채의 양식과 조건은 재무대리인계약서(수탁자가 없는 경우) 또는 신탁계약서(수탁자가 있는 경우)의 부록으로 첨부된다. ⅳ) 재무대리인계약서는 재무대리인 대신에 수탁자를 두는 경우에 재무대리인 계약서 대신에 신탁계약(Trust Deed)와 지급대리인계약서가 체결된다. ⅴ) 대리은행계약서는 금리가 고정된 무보증 일반사채(Straight Bond)의 경우에는 필요하지 않은데, 경우에 따라 재무대리인 계약서에 통합되기도 한다.

이들 문서 중 인수계약과 간사단간계약 및 대리은행계약은 투자설명서의 발행일에 체결되고, 신탁계약은 납입일에 체결하는 것이 보통이다. 재무대리인계약은 납입일에 체결하거나 발행일에 다른 계약과 함께 체결하기도 한다. 사채는 납입일자로 발행된다.

관련된 문서의 보다 구체적 내용은 다음과 같다.

1. 투자설명서(Offering Circular, Prospectus), 예비투자설명서(Preliminary Offering Circular, Red Herring)

투자설명서는 사채의 발행 조건, 발행인에 관한 사항(사업, 재무상태, 전망 등), 발행인 국가의 세법 기타 법률적 사항 등 투자자들에게 그 투자판단에 영향을 미칠 수 있는 중요한 정보를 제공하기 위하여 작성된다. 유로 시장의 경우 사업설명서의 내용은 유로 시장의 관행과 유로채가 상장되는 해당 증권거래소의 상장 요건에 따라 결정된다. 상장되는 경우 사업설명서의 내용을 증권신고서(Registration Statement)로 바꾸게 된다.

2. 인수계약서(Subscription Agreement)

발행사와 간사단 사이에 체결되는 인수계약은 발행, 인수의 기본 사항, 상장, 발행회사의 진술 및 보장, 선행 조건, 간사회사의 판매제한 조항, 초과 배정 옵션, 추가발행 청구권, 계약의 종결, 비용, 불가항력 사유로 인한 계약의 해제 등으로 구성된다.

진술 및 보장과 관련하여 발행인은 론의 경우와 유사하게 많은 진술 및 보장을 한다. 그러나 론에서는 필요하지 않은 투자설명서가 존재하기 때문에 투자설명서의 정확성과 관련하여 주간사들에게 대하여 보다 정치한 보장을 하게 된다. 사채에 있어서는 진술의 위반 그 자체가 "event of default"가 되지 않으며, 이점은 론과 다르다.

한편, Market Disruption 조항에 의하여 주간사는 거래 종결 전에 계약을 종료시킬 재량을 갖는다.

> **Example**
>
> If, in the opinion of the managers, there shall have been such a change in national or international financial, political or economic conditions or currency exchange rates or exchange controls as would in their view be likely to prejudice materially the success of the offering and distribution of the bonds or dealings in the bonds in <u>the secondary market</u>.[378]

한편, 인수계약에 포함된 판매제한(selling restriction)은 유로채의 발행과 관련하여 어느 국가에서도 공모(Public Offering)를 하기 위하여 필요한 조치를 취하지 않았음을 분명히 하고, 간사단들은 이러한 제한을 인식한 상태에서 사채를 인수하고 판매할 것을 약정하는 조항이다. 유로채를 기관투자자들에게 판매함으로써 특정 국가의 증권법 규제에 위반되는 일이 없도록 하기 위하여 이러한 조항을 둔다. 일반적으로 미국, 영국, 우리나라의 증권법 및 외국환관리법상의 규제를 반영한 판매제한규정을 둔다.

미국에서 사채를 공모로 발행하려면 33년 증권법에 의하여 등록을 하여야 하고, 34년 증권거래법에 따라 일정한 사항을 지속적으로 공시하여야 한다. 유로채를 발행하는 경우 유로채가 미국 증권법에 따라 등록되지 않을 것임을 명확히 하고, 원칙적으로 사채를 미국 내에서 모집, 판매할 수 없다는 것과 미국인에게 또는 미국인의 계산으로 판매할 수 없음을 명확히 한다. 유로채의 경우 미국 외에서의 거래는 Regulation S에 규정된 안전항(Safe Harbor)에 따라 이루어진다. 발행인은 미국 시장에 대한 실질적인 이해(substantial U.S. market interest)를 갖고 있지 않으며 유로채의 판매를 위하여 의도된 판매활동(directed selling effort)을 하지 않을 것을 약정한다. 사채권을 실물로 발행해서 투자자에게 교부하는 경우를 확정사채권(Definitive Note)이라 하는데, 유로채 발행에 있어 납입일 이후 즉시 확정사채권을 발행하지 않고 임시포괄사채권(Temporary Global Note)을 발행하고, 주간사를 통하여 유로결제기구의 공동예탁기관에게 교부한 다음 일정기간(일반적으로 40일, 이를

---

[378] 유통시장 cf) 발행시장(primary market)

"Lock-up Period"라 한다) 경과 후에 확정사채권을 발행, 투자자에게 교부하는데, 이는 유로채가 발행 후 일정기간 동안 미국 내로 흘러들어가는 것을 막기 위해서이다.[379]

경우에 따라서는 확정사채권을 발행하지 않고, 등록식으로 발행하여 사채발행액 전액을 액면으로 한 1매의 사채를 발행하는 포괄사채권(Global Note, 대권이라 번역하기도 한다)을 발행하여 예탁한다. 확정사채권에는 사채의 조건이 상세히 첨부되어 상법의 요건을 충족하지만, 포괄사채권에는 이 조건이 기재되지 않아 이를 사채권이라 부를 수 있는지 의문의 여지가 있다.[380]

3. 사채(Note)

사채 조건에 의하여 계약 당사자인 발행인과 사채권자의 권리, 의무가 정해지므로 그 구체적 내용은 매우 중요하다.

주요 조건은 표시통화, 발행금액, 발행방법(공모 또는 사모), 무기명식 여부, 발행가액(할인 또는 할증), 표면금리, 수익률, 만기, 준거법 및 관할, 시효, 사채권자 집회에 관한 사항 등이다.

변동 금리채(Floating-rated Note)는 보통 무기명증권의 형태로 발행된다. 론과 비교할 때 상세한 약정(Covenant)을 두는 경우는 드물며, 이는 수많은 사채권자들이 상황의 변동에 따른 약정의 변경을 협상하는 것이 비실용적이기 때문이다. 그러나 신탁계약을 체결하는 경우 사채권자들을 대표하여 모니터링을 할 대표자가 존재하기 때문에 비교적 광범위한 약정을 둘 수 있다.

사채는 실제로 그 조건이 정형화되어 있어 개별 딜에서 협상에 여지에 따라 달라지는 내용이 많지 않고, 담보제공금지(Negative Pledge)와 채무불이행(Event of Default) 등 일부 조항만이 계약 체결 시 주된 협상의 대상이 된다.

---

[379] 석광현, "한국기업의 해외사채 발행의 실무와 법적인 문제점", 「국제거래법연구」(국제거래법학회, 1997), 35-36면.
[380] 최병선, "해외사채발행 실무해설", 「BFL」(서울대학교 금융법센터, 2004), 90면.

가. 담보제공 금지약정

Example

Negative Pledge

So long as any of the Notes of this Serious remains outstanding, the Issuer shall not create or permit to subsist any Encumbrance(defined below) upon the whole or any part of its assets, present or future, to secure any indebtedness, or to secure any guarantee of indebtedness, unless the Notes, Receipts and Coupons of the Series shall be secured equally and rateably therewith, exept that the Issuer may create or permit to arise or subsist

(a) Any Encumbrance over promissory note[381] or other commercial paler discounted or otherwise provided as security to or issued by the Issuer where such Encumbrance is created in favour of The Bank of Korea in the normal operation of its discount facilities or its facilities for the funding of loans by the Issuer to customers of the Issuer; or

(b) Any Encumbrance over any immovable property owned by the Issuer as security for the repayment by the Issuer to a tenant of that property of any security deposits paid by such tenant to the Issuer upon taking a tenancy or lease of that property of any security deposit paid by such tenant to the Issuer upon taking a tenancy or lease of that property; or

(c) Any Encumbrance or any other agreement or arrangement having a similar effect arising in connection with a sale and repurchase transaction entered under TBMA/ISMA Global Master Repurchase Agreement or any other substantially similar repurchase agreement or arrangement of such kind entered into, or created, or arising in the ordinary course of business of the Issuer, provided that the amount of such transaction (when aggregated with the amount of any other such transactions) does not exceed 15 per cent. of the borrowing liabilities of the Issuer as set out in the latest audited non-consolidated balance sheet of the Issuer; or

(d) Any Encumbrance over any loan or other indebtedness(the "Loan Asset") denominated in one currency owed by a party(together with its subsidiaries, and related entities, the "Secured Counterparty") to the Issuer, which is granted in favour of the Secured Counterparty in connection with (a) a loan or other indebtedness denominated in a currency other than the Denominated Currency of the Issuer or any of its subsidiaries or related entities owed to the Secured Counterparty (the "Reciprocal Loan") and (b) the Issuer and any of its subsidiaries or related entities having been granted the benefit of an Encumbrance over the Reciprocal Loan by the Secured Counterparty, and which transaction or arrangement described herein is commonly regarded as a parallel loan or back-to-back loan, provided that such transaction or arrangement is entered into the ordinary course of business of the Issuer and the aggregate outstanding principal amount of the Loan Asset of the Issuer which are subject to such Encumbrance does not exceed 5 per cent. of the borrowing liabilities of the Issuer as set out in the latest audited non-consolidated balance sheet of the Issuer; or

(e) Any statutory liens arising in the ordinary course of the Issuer's business and not in connection with the borrowing or raising of money; or

(f) Any Encumbrance arising or preference given under Korean law,

---

381) 어음

applicable generally to corporations established under Korean law by virtue of a failure by the Issuer to meet an obligation, provided that such Encumbrance does not subsist for more than 30 days; or

(g) Any Encumbrance over any asset purchased by the Issuer (or documents of title thereto) or arising in connection with improvements to any asset of the Issuer as security for the unpaid balance of the purchase price thereof or costs of improvement thereto.

In these Terms and Conditions:

"Encumbrance" means any mortgage, charge, encumbrance, pledge or other security interest.

발행사가 해당 사채를 발행한 다음 제3자에게 담보를 설정하면, 해당 사채의 경제적 가치는 희석될 수밖에 없다. 따라서 발행사가 제3자에게 담보 제공을 하지 않고, 그처럼 담보를 제공하는 경우에는 사채권자에게도 동등한 담보를 제공하겠다는 약속을 하게 되는데, 이를 담보제공금지 약정(Negative Pledge Covenant)이라 한다.

나. 채무불이행

Example

Event of Default

If any one or more of the following events("Events of Defaults") shall have occurred and be continuing:

(a) Default is made in any payment of principal or interest in respect of any of the Notes, Receipts or Coupons of this Series and such default continues for 14 days or more, in the case of principal, or 21 days or more, in the case of interest; or

(b) Default is made in the performance of any other covenant, conditions or provision contained in the Notes of this Series and such default continues for 30 days or more after written notice thereof shall have been given to the Fiscal Agent or the Registar, as the case may be, by the holder of any Note of this Series; or

(c) Any Indebtedness of the Issuer in an aggregate principal amount of U.S. $ [ ] or more either (i) becomes due and payable prior to the due date for payment thereof by reason of default by the Issuer or (ii) is not repaid at maturity[382] as extended[383] by the period of grace, if any, applicable thereto, or any guarantee given by the Issuer in respect of Indebtedness of any other person is not honored when due and called; or

(d) Korea declares a moratorium on the payment of any External Indebtedness (including obligations arising under guarantee) of Korea or Korea becomes liable to repay prematurely any sums in respect of such External Indebtedness (including obligations arising under guarantees) as a result of a default under, or breach of the terms applicable to, such External Indebtedness or such obligations, or the international monetary reserves of preferential arrangement (whether or not constituting an Encumbrance) for the benefit of any creditor or class of creditors; or

---

382) 만기
383) 연장된

(e) The Issuer is adjudicated or found bankrupt or insolvent or any order is made by a competent court or administrative agency or any resolution is passed by the Issuer to apply for judicial composition proceedings with its creditors or for the appointment of a receiver or trustee or other similar official in insolvency proceedings in relation to the Issuer or a substantial part of its assets or the Issuer is wound up or dissolved or the Issuer ceases to carry on the whole or substantially the whole of its business;

채무불이행에는 ⅰ) 발행인이 이자 지급일에 이자를 지급하지 않거나, ⅱ) 관련 계약이나 법규의 위반, ⅲ) cross-default, ⅳ) 지급불능(insolvency), ⅴ) 파산(bankruptcy), ⅵ) 자산의 실질적 처분행위 등의 사유가 포함된다.

Example

The holder for the time being of any Note of this Series may give notice to the Fiscal Agent in accordance with [ ] that such Note is immediately due and repayable,[384] whereupon such Note shall become immediately due and repayable at its Early Redemption[385] Amount together with accrued interest (if any) to the date of repayment, unless prior to such time all Events of Default in respect of the Notes of this Series shall have been cured.

이때 사채권자는 발행인에게 통지하여 기한의 이익을 상실시킬 수 있는데, 그 사유들은 이 채무불이행 조항에 기재된다. 사채권자들은 사채권에 영향을 미치는 사유가 발생한 경우 일정한 방법을 통하여 의사를 표시할 수 있지만, 소수의 참여자로 구성되는 론과 비교할 때 계약의 변경은 실제로 매우 어렵다. 이 때문에 약정

---

384) 즉시 납기가 도래하는
385) 조기상환

조항이나 event of default의 사유가 신디케이티드 론에 비하여 덜 엄격하다.

재무대리인을 두는 경우 각 사채권자가 개별적으로 기한의 이익을 상실시킬 수 있지만, 수탁자를 두는 경우 "no action clause"를 두어 수탁자만이 유로채 전체의 기한의 이익을 상실시킬 수 있도록 규정한다.

> **Example**
>
> (a) Any Indebtedness (as defined below) of the Issuer in an aggregate principal amount of U.S. $ [ ] or more either (i) becomes due and payable prior to the due date for payment thereof by reason of default by the Issuer or (ii) is not repaid at maturity as extended by the period of grace, if any, applicable thereto, or any guarantee given by the Issuer in respect of Indebtedness of any other person is not honored when due and called; or

유로채의 경우도 cross-default 조항이 매우 중요한데, 다른 계약상 발행인의 event of default가 실제로 발생하지 않았지만 관련 채권자가 통지 또는 기간의 경과 등에 의하여 event of default를 선언할 수 있는 상태도 포함할 것인지가 문제된다. 이러한 문제는 신디케이티드 론에 있어서도 마찬가지이다.

4. 신탁계약(Trust Deed)

수탁기관과 발행사 사이에 발행사가 수탁자에게 권리를 부여하는 내용의 계약이다. 사채발행에 의해 수많은 채권자들이 생겨나는데 이들 모두를 계약 당사자로 할 수 없으므로 수탁기관을 두고, 이때 사채권자들은 개별적으로 기한의 이익을 상실시키는 등의 권리 행사를 할 수 없고 수탁기관을 통하여 하게 된다. 유로채를 발행할 때 수탁자를 두는 경우에는 재무대리인계약서 대신 발행인과 수탁자 간에 신탁계약(Trust Deed)를 체결하는데, 일반적으로는 이러한 수탁자를 두지 않는다. 이에 반하여, 전환사채 또는 신주인수권부사채와 같이 신주연동사채를 발행하는 경우에는 수탁자를 두는 것이 보통이다.

5. 재무대리인계약서(Fiscal Agency Agreement)

발행인은 이 계약서에 의하여 재무대리인과 지급대리인을 지명한다. 재무대리인은 사채의 원리금 지급과 임시사채권과 확정사채권의 교환, 통지와 사채에 관한 기록의 관리 등 관리업무를 담당한다. 지급대리인은 사채원리금의 지급을 담당한다.

6. 대리은행계약서(Agent Bank Agreement)

유로채는 통상 런던은행간 대출금리(London Interbank Offered Rate, LIBOR)에 연동된 변동금리채이므로 각 이자기간에 적용할 이자율을 확정할 필요가 있다. 이 계약서는 이자율계산을 담당할 은행을 정하는 계약이다. 이때 이자율은 이자 기간의 개시 전에 결정되므로 이 계약은 납입일 전에 체결되는 것이 일반적이다.

7. 기타

유로채 발행에 관련된 간사단 사이의 관계를 정하는 간사단 간 계약서(agreement among managers), 판매단계약서(selling agreements)가 체결되기도 한다. 판매단계약서는 판매단에게 판매제한(selling restriction)의 규정을 준수할 의무를 부과하는 것이 주된 목적이다. 판매제한은 특히 미국과 같이 배포가 금지된 관할 지역 내로 사채를 판매하거나 투자설명서를 교부하는 등의 행동을 하지 않도록 하고 있다. 그 외에도 Signing Agenda와 Closing Memorandum이 작성되는데, 서명과 납입 절차 완료에 필요한 서류들이다.

4   업무 절차

업무를 잘 수행하기 위해서는 관련 딜이 어떻게 진행되는지를 미리 숙지할 필요가 있다. 발행 절차는 ⅰ) 발행의 준비 단계, ⅱ) 발행의 결의 및 공시 단계, ⅲ) Due-diligence, documentation, 계약의 체결, ⅳ) 신고서 제출, ⅴ) 투자자 모집, ⅵ) 결제 및 분배, ⅶ) 발행 이후 절차 등으로 나누어 볼 수 있다.[386] 일반적으로 11주 내지 15주 정도가 소요되며, 발행 조건의 확정이나 발행자의 지명도 등에 따라 소요기간이 조금씩 달라진다.

이런 전반적인 일을 주도하는 주체는 주간사단이다. 이 중 변호사가 많은 역할을 담당하는 부분은 ⅲ)이다. Documentation Meeting에는 발행의 관련자들이 참석하여, 미리 준비된 초안(Draft)을 두고 발행 조건, 계약서의 내용 등을 검토, 논의한다. 증권신고서를 제출할 필요가 없는 해외사채의 경우에는 발행조건이 확정된 다음 계약이 체결된다. 그러나 증권신고서를 제출하여야 하는 경우에는 신고서에 발행관련 계약서들의 사본도 첨부되어야 하기 때문에 발행 조건 중 일부만 확정된 상황에서 발행계약이 체결되고, 나머지 사항들은 사후에 확정되게 된다.

---

[386] 허항진, 우리나라 기업의 해외증권 발행 및 상장(세창 출판사, 2009), 81면.

법률 의견서
(Legal Opinion Letters)

I. 법률 의견서 일반

변호사들은 합병, 주식양수도, 론 등에 관하여 다양한 법률 의견서를 작성한다. 상업 론에서 대주는 계약 종결의 조건으로 차주의 변호사가 의견서를 작성할 것을 계약 종결의 조건(closing condition)으로 요구한다.

통상 변호사의 의견서는 거래를 수행하는 회사가 적법하게 설립되었고, 거래에 필요한 모든 회사법적 절차가 취하여졌으며, 계약은 차주의 구속력 있는 유효한 의무가 된다는 내용을 담는다. 이러한 변호사의 의견서가 다른 종류의 법적 조언과 차별되는 점은 그 변호사가 고객이 아닌 제3자가 그 의견서를 신뢰할 것을 기대하고 그에게 직접 작성된다는 점이다.

II. 의견서의 구조

1 일반

일정한 쟁점에 대한 간단한 의견서나 10b-5 의견서를 제외하고, 거래의 의견서는 도입부, 검토한 사항, 가정(assumption), 의견서 범위에 대한 전제 조건(qualifications and limitations)으로 구성된다.

의견서는 형식을 갖춘 레터 형식이다. 로펌의 레터헤드(letterhead)위에 작성되며, 날짜, 의견서의 수신인, 주제(re:_)의 내용을 담는다. 의견서는 형식적이어서 "Ladies and Gentlemen" "Dear Sirs"로 시작하고 "Very truly yours,"와 같은 말로 마무리하며, 서명란에는 개인이 아니라 로펌의 이름으로 서명한다.

2 도입부

첫 문단은 의견서를 의뢰한 고객, 거래의 성격, 의견서의 수신인이 기재된다. 관련되는 당사자와 함께 역할을 표시하는데 하나의 당사자가 복수의 역할을 맡기도 한다.

Example

We have acted as[387] the Borrower's Korean counsel in connection with the US$ [   ] Transferable Term Loan Facility Agreement (the "Agreement") dated [날짜] and made between (1) the [ ] BANK as borrower (the "Borrower"), (2) [ ] Bank and [ ] Bank as coordinating arrangers (the "Coordinating Arrangers"), (3) the financial institutions named therein as Banks (the "Banks") and (4) [ ], as facility agent (the "Facility Agent").

3 검토한 사항

의견서를 내기 위해서는 변호사가 법률적 혹은 사실적 사항을 검토하여야 한다. 또한 의견서는 전문성이 있는 영역에 대하여 관련 관할법에 대하여 작성된다. 국제 거래는 복수의 관할을 수반하기 때문에, 파산, 증권, 조세 전문 법률가가 각 영역에 대하여 복수의 의견을 발행하기도 하고, 한국 변호사와 영국 또는 미국 변호사가 각 국의 법에 대하여 의견을 내기도 한다.

복수의 전문 영역과 복수의 관할법을 수반하는 상황은 매우 복잡하기 때문에, 변호사는 해당 의견서가 어떤 법에 관한 것인지를 전제 조건 항에서 특정하게 된다. 이 문구는 다음과 같이 표현된다.

"We have examined the laws and regulations of the Republic of Korea."

회사의 설립관련 서류, 거래관련 서류 등의 서류들이 검토 대상인데, 의견서에는 검토한 서류를 리스트로 나열한다. 서류가 초안(draft)인지 완성본(final version)인지 혹은 원본(originals)인지, 사본(copies)인지도 함께 표시한다.

In rendering this opinion, we have reviewed only originals or copies of the following documents and have made no other investigation or inquiry:

---

387) ~의 역할을 수행하다.

위 문언 다음에는 검토한 서류의 목록을 기재한다.

만약 좀 더 광범위하게 검토가 이루어졌다면 다음과 같은 표현이 사용된다.

Example

We have examined the laws and regulations of the Republic of Korea ("Korea"), the originals or photocopies, certified or otherwise identified to our satisfaction[388], of all such corporate and official records of the Borrower and of all such official records, regulations and certificates of officials and agencies of the government[389] of Korea, of all such other agreements, documents and matters as we have considered necessary or desirable for the opinions hereinafter expressed[390], including the following documents:

1. an executed copy of the Agreement;
2. a copy each of the Articles of Incorporation and the extract relating to the Borrower from the Korean Commercial Registry;
3. a copy of the Internal Regulation Regarding Levels of Approval of the Borrower granting persons <u>occupying a specified position</u>[391] within the Borrower the authority to sign the Finance Documents and any documents to be delivered by the Borrower pursuant thereto;
4. a copy of the internal approval of the authorized signatory of the Borrower in respect of the execution, delivery and performance of the Finance Documents and the terms and conditions thereof;
5. an authorized signatory book of the Borrower;

---

388) 만족스러운 정도로
389) 정부 기관
390) 다음에 표시되는 의견
391) 특정한 직책을 보유하고 있는

6. a copy of the report from the Borrower to the MOSF relating to the facility under the Agreement with a seal affixed on the report by MOSF confirming that such report has been filed; and
7. certificate dated [날짜] of Mr. [성], an authorized officer of the Borrower, certifying that the documents referred to in items (1) through (6) above are true, correct and complete and are in full force and effect.

4 가정(Assumptions)

법률 의견서의 가정은 요청된 의견서의 종류, 검토된 범위, 검토된 내용, 관련된 관할법 등에 따라 다르다. 따라서 동일한 딜이라 하더라도 변호사에 따라서는 상이한 가정을 달수도 있다. 예시를 들면 다음과 같다.

Example

In connection with our examination of documents and other factual matters, we have assumed (i) the genuineness [392] of all signatures (other than those of the Borrower) and the authenticity of all documents submitted to us as originals, and the conformity with[393] the originals[394] of all documents submitted to us as copies thereof, (ii) that each of the Agreement and any other agreement or instrument executed and delivered thereunder constitute[395]s or will constitute a legal, valid and binding obligation of each of the parties thereto enforceable[396] in accordance with its terms respectively under the English law by which such agreement or instrument is expressed to be governed and (iii) the Agreement has been duly authorized, executed and delivered by each of the parties thereto (other than the Borrower) in

> accordance with applicable laws. We have found nothing in our examination to indicate[397] that such assumptions are not fully justified.

위 (ⅰ)의 가정은 변호사가 의견서를 내기 위해 검토한 서류가 적법한 서명권자가 서명하지 않은 경우를 배제하기 위한 것이다. 대주가 제외된 이유는 차주가 적법하게 계약서를 체결하고 교부하였다는 의견은 바로 해당 의견서의 의견란에 작성될 것이기 때문이다. 만약 적법한 체결과 교부의 의견이 아니라 집행가능하다는 의견만 내려지는 경우라면, 차주의 서명을 제외하는 부분을 삭제하게 된다. 이처럼 어떤 의견을 요청받느냐에 따라 기재하는 가정이 달라지게 됨을 알 수 있다.

위 (ⅱ)의 가정은 집행가능성에 대한 것이다. 이 가정은 딜의 준거법이 의견서를 발행하는 변호사가 전문성을 갖는 그 법과 다른 경우 또는 집행가능성에 대하여서는 의견이 내려지지 않은 경우를 염두에 둔 것이다. 예를 들어 준거법이 영국법인 딜에서 한국법 변호사(Korean Counsel)가 의견서를 내는 경우에 집행가능성에 대한 가정이 필요하게 된다. 이때 영국법에 따라 관련 문서가 집행가능하다는 의견을 영국 변호사가 낼 것이다.

위 (ⅲ)의 가정은 의견을 내는 변호사의 고객이 아닌 당사자와 관련하여 적법하게 체결되고 교부되었다는 가정이다. 관련 문서가 유효하고 구속력이 있으려면 모든 당사자가 계약서를 체결하여야 하고 그들 모두에게 계약서가 교부되어야 한다. 따라서 변호사가 발행하는 의견서 자체에서 계약이 체결되어 교부되었다는 의견을 내리게 되는 당사자를 제외한 나머지 당사자들에 대해서는 이러한 가정이 필요하게 된다.

위의 예시는 형태의 승인, 계약의 체결 및 교부에 관한 간단한 형태의 가정이다. 보다 복잡한 예를 들어보면 다음과 같다.

---

392) 진정성
393) ~와의 일치
394) 원본
395) 구성하다.
396) 집행가능한
397) 가리키다.

> **Example**
>
> As to[398] the facts material to the opinion herein expressed, we have, you're your permission, made the following assumptions with respect to the Documents (but in each case only in all material respects pertaining to[399] the separateness of Borrower)
>
> 1. The capacity[400] of all natural persons, the genuineness of all signatures, the authenticity of all documents submitted to us as originals, the conformity to original documents of all documents submitted to us as copies and the authenticity of the originals of all documents submitted to us as copies or drafts;
> 2. The statements of fact set forth in the Loan Documents are accurate and true;
> 3. All parties to the Borrower Organizational Documents and the Loan Documents are duly organized and validly existing in the jurisdictions in which they were organized and are duly qualified to transact business as foreign entities and are in good standing in the jurisdictions in which they transact business;
> 4. The due authorization, execution and delivery of the Borrower Organizational Documents and the Loan Documents by the parties thereto;
> 5. Each of the parties to the Borrower Organizational Documents and the Loan Documents had at all relevant times and continues to have the full legal power and authority to act in the capacities in which it has acted and is to act thereunder, including to execute, deliver and perform each of its obligations under the Documents;

---

398) ~에 대해서
399) ~에 관련되는
400) 권원

6. The Borrower Organizational Documents and the Loan Documents constitute the legal, valid and binding obligations of the parties thereto, enforceable against each of them in accordance with their respective terms except as such enforce ability may be limited by bankruptcy, insolvency or similar laws affecting the enforce ability of creditors' rights generally or by general principles of equity

7. The consideration[401] giving rise to the obligations set forth in the Loan Documents has been paid, delivered or incurred, as the case may be;

8. Each of the Borrower Organizational Documents and the Loan Documents has not been modified, supplemented or subject to any waiver in a way that would materially and adversely affect the opinions expressed herein;

9. With respect to the transactions described in the Loan Documents, there has been no mutual mistake of fact and there exists no fraud,[402] duress[403] or undue influence[404] that would permit the Borrower Organizational Documents or the Loan Documents to be rescinded or reformed in any material respect;

10. The truthfulness of, fulfillment of and compliance by the parties thereto with their respective representations, warranties, agreements and covenants in the Borrower Organizational Documents and the Loan Documents, in all material respects and at all relevant times insofar as they concern the separateness of Borrower;

11. Lender is relying on, among other things, the separateness of Borrower with respect to the extension of credit[405] referenced herein, shall not

---

401) 대가
402) 사기
403) 강박
404) 부당한 영향력
405) 신용공여의 연장

> seek consolidation of the assets and liabilities of any of the Opinion Parties with those of Borrower, and would suffer detriment on account of the consolidation of the assets and liability of any of the Opinion Parties with those of Borrower;
>
> 12. Any motion or proceeding to substantively consolidate the assets and liabilities of any of the Opinion Parties with those of Borrower will be competently opposed and litigated to a final judicial resolution by one or more persons or entities with standing to do so; and
>
> 13. As of the date hereof, Borrower is solvent, is able to pay its debts as they become due and has capital sufficient to carry on its business and intends to maintain adequate capital for all business in which it intends to engage. Borrower will not be rendered insolvent by the execution and delivery of the Loan Documents or by the consummation of the transactions contemplated thereby. No petition in bankruptcy has been filed (or similar insolvency proceeding commenced) by or against Borrower on or prior to the date hereof, and as of the date hereof no Opinion Party is a debtor under the Bankruptcy Code.

한편, 다른 변호사가 낸 의견을 신뢰하거나, 정부나 기타 당사자가 발행한 증서를 의견서를 발행하는 변호사가 신뢰하고 이를 전제로 의견을 내는 경우도 있다. 의견서를 내는 변호사가 신뢰를 전제하여야 할 증서, 기록 등을 초안 작성하거나 이러한 문서를 얻는 일을 담당하기도 한다. 이런 경우 다음과 같은 문구가 삽입된다.

> As to[406] questions of fact material to this opinion, we have relied on the certificates of officers of the Borrower provided to us, statements of public officials and the documents we have reviewed in connection with this opinion.

---

406) ~에 관하여

다음과 같이 증서를 신뢰하는 것이 특정한 가정을 두는 것과 긴밀히 연계된 경우도 있다.

Based upon the Borrower Organizational Documents, the Loan Documents, and the Borrower Certificate, we also have made the following additional assumptions relating to the transaction associated with the Loan: [assumptions then listed]

의견서마다 각종의 가정과 신뢰 문구를 사용한다. 어떠한 형식을 취한 건 가정은 본격적인 의견 부분 전에 기재된다는 점이 중요하다.

5 의견

의견서를 실제로 작성하다보면, 긴 검토 문서의 리스트, 가정과 전제 조건의 긴 내용 끝에 막상 의견은 간단한 내용에 그치게 되는 경험을 하게 된다. 논리가 긴 의견서에서는 의견 부분을 찾기조차 수월하지 않다. 이런 경우에는 해당 섹션을 나누어 섹션 별로 의견을 내는 것이 효율적인 방법이다.

거래에 협상과 이견이 교차함에 비하여, 의견서의 문구들은 비교적 수월하게 타방 당사자가 받아들이는 것도 독특하다. 어떠한 사실관계에 관한 것이건, 의견서를 작성할 때는 관련 관할법의 내용을 반영하여야 함을 유념할 필요가 있다.

Example

Based upon and subject to the foregoing assumptions and the qualifications and limitations set forth below, we are of the opinion that:

1. the Borrower is a licensed bank, duly incorporated and validly existing

under the laws of Korea with full power and authority to enter into and deliver the Agreement and to exercise its rights and perform its obligations thereunder and all corporate and other action (including actions necessary under Korean laws or regulations) required to authorize its entry into the Agreement and its performance of its obligations thereunder has been duly taken. To the best of our knowledge, upon review of the Commercial Registry extracts delivered to us, there is no recordation in the Commercial Registry extracts relating to the Borrower of any (ⅰ) <u>adjudication of bankruptcy,</u>[407] (ⅱ) decision for the commencement of corporate reorganization or composition proceeding, or (ⅲ) adjudication of liquidation. We note that under Korean law, if the court issues an adjudication of bankruptcy, a decision for the commencement of reorganization or composition or an adjudication of liquidation in respect of a legal entity, such matters will be registered on the Commercial Registry of such legal entity;

2. the Agreement has been duly executed and delivered on behalf of the Borrower and the obligations expressed to be assumed by the Borrower under the Agreement constitute legal, valid and binding obligations of the Borrower enforceable in accordance with their terms and is in proper form to be admissible in evidence in the courts of Korea provided that it is accompanied by a Korean language translation;

3. all authorisations, approvals and consents required or desirable under the laws of Korea in connection with the entry into, performance, validity and enforceability of the Agreement and the transactions contemplated thereby have been obtained or effected (as appropriate) and are in full force and effect;

---

407) 파산선고

4. the obligations of the Borrower under the Agreement constitute direct, general, unconditional, unsecured[408] and unsubordinated[409] obligations and rank and will rank pari passu[410] without any preference among themselves and at least pari passu in all respects with all other present and future unsecured and unsubordinated obligations of the Borrower, except for obligations mandatorily preferred by law applying to companies generally;

5. the execution of the Agreement constitutes, and the Borrower's exercise of its right and performance of its obligations thereunder will constitute, private and commercial acts done and performed for private and commercial purposes. The Borrower will not be entitled to claim for itself or any of its assets immunity from[411] suit, execution, attachment or other legal process in any legal proceedings taken in Korea in relation to the Agreement;

6. there is no withholding, income or other taxes or charges of Korea or of any authority of Korea in respect of any payment to be made by the Borrower pursuant to the terms of the Agreement or to be imposed on or by virtue of the execution, performance or enforcement of the Agreement; in case the Borrower should become liable for any deduction or withholding under the laws of Korea, the provisions of Clause [ ] of the Agreement (without prejudice to the generality of paragraph [ ] above) constitute a valid and binding obligation of the Borrower enforceable in accordance with its terms against the Borrower in Korea

---

408) 무담보의
409) 후순위의
410) 동순위의
411) ~으로부터 면제되는

7. any judgment obtained in England against the Borrower regarding the Agreement would be recognized and enforceable in Korea without re-trial or examination of the merits of the case, provided that (ⅰ) such judgment is a final judgment of the court having valid jurisdiction, (ⅱ) the Borrower was served with service of process in accordance with the lawful and appropriate way under the applicable law with the sufficient time necessary to defend, otherwise than by publication or other similar method or responded to the legal action without being served with process, (ⅲ) such judgment is not inconsistent with the public policy of Korea, and (ⅳ) judgments of the courts of Korea are similarly recognized and enforced under the laws of England

8. in any proceedings taken in Korea for the enforcement of the provisions of the Agreement, the choice of English law as the governing law thereof will be recognized and enforced insofar as the application of English law is not contrary to the public policy of Korea; provided that in respect of any action brought against the Borrower in Korean courts, (ⅰ) Korean law bearing upon the capacity of the Borrower to enter into the Agreement and (ⅱ) Korean laws, decrees and administrative regulations requiring governmental approvals, authorizations and consents for actions of the Borrower or for the contracts executed by the Borrower would be applied by the Korean courts;

9. it is not necessary to ensure the legality, validity, enforceability or admissibility in evidence of the Agreement that the Agreement or any other related documents be filed, recorded or registered with any court, governmental body, or other authority in Korea; except that the documents to be submitted to the Korean courts should be with Korean language translations;

> 10. it is not necessary that <u>any stamp or registration duty or similar taxes or charges</u>[412] be paid in Korea in respect of the Agreement or any other related documents, except that stamp duty shall be payable on each original of the Agreement executed or delivered in Korea;
> 11. the entry into and performance by the Borrower, and the transactions contemplated by the Agreement and other related documents do not and will not:
>   i. conflict with any Korean law, regulation, judgment or judicial or official order from the Korean government or any Korean court affecting the execution, delivery, performance and enforceability of the Agreement; or
>   ii. conflict with the Articles of Incorporation of the Borrower and
> 12. the submission to jurisdiction of England by the Borrower is legal, valid and binding on the Borrower.

위 의견은 론 계약에서 은행이 요구한 의견으로, 일정 부분은 cross-border 딜에 해당하는 내용이다.

그러나 처음 세 가지의 의견은 대부분의 딜에도 적용될 수 있는 공통적인 내용이다. 위 1.에 기재된 의견은 회사가 적법하게 설립되어 사업을 영위할 수 있는 모든 인허가를 얻었다는 내용으로 거의 대부분의 의견서에 기재되는 내용이다.

위 2.에 기재된 내용은 계약이 적법하게 체결되어 계약서가 교부되었으며 계약이 집행가능하다는 것이다. 이 역시 매우 일반적인 내용인데, 캘리포니아에서 사업을 영위하는 델라웨어 주 주식회사가 연루된 거래에서 사용된 미국법상 의견서의 예를 비교해 보면 다음과 같다.

1. The Company is validly existing as a corporation and in good standing

---

[412] 인지 또는 등록세 등의 부담

under Delaware law and is qualified as a foreign corporation and in good standing in California.
2. The Company has the corporate power to execute and deliver the Transaction Documents in which it is named as a party and to perform its obligations thereunder.
3. The Company has duly authorized, executed and delivered the Transaction Documents in which it is named as a party, and such Transaction Documents constitute its valid and binding obligations enforceable against it in accordance with their terms.
4. The Company is not required to obtain any consent, approval, license or exemption by, or order or authorization of, or to make any filing, recording or registration with, any governmental authority pursuant to the law of the State of California or United States federal law in connection with the execution and delivery by the Company of the Transaction Documents in which it is named as a party or the performance by it of its obligations other than those that have been obtained or made.

위 의견서 4의 내용은 한국 의견서의 해당 내용과 매우 유사하되 약간의 문구 차이가 날 뿐임을 알 수 있다.

6 전제 조건(Qualifications)

전제 조건은 변호사의 책임을 제한하기 위하여 의견서의 범위에 제한을 두는 것을 말한다. 따라서 변호사가 준비하지 않은 사항, 변호사가 검토하지 않은 사항을 나열하게 되고, 이는 의견서의 범위를 축소한다.

일반적으로 인식의 제한(knowledge qualifiers), 검토의 제한(investigation and review qualifiers), 법률 관할의 제한(legal jurisdiction qualifiers), 집행가능성의 제한(enforceability qualifier), 계쟁물 제한(subject matter qualifiers) 및 시간상의 제한(timeframe qualifiers) 등이 사용된다. 가정과 비교할 때 전제 조건은 특정한 의견과 연계되어 있다. 따라서 의견을 작성하는데 필요한 전제 조건만이 사용이 된다.

전제 조건은 "Our opinion is subject to the following reservations and qualifications"으로 시작되어, 이후 전제 조건을 나열하고 설명한다.

1. 인식(Knowledge)

변호사가 완전히 알지 못하는 사실관계에 관하여 의견을 요청받았을 때 사용하는 전제 조건이다. 의견서를 발행하는 변호사를 법률적 책임으로부터 방어해 줄 뿐만 아니라 검토된 사실관계의 범위를 분명히 하기 위한 목적으로도 사용된다.

이 전제 조건은 주로 "to our actual knowledge", "to our actual knowledge", "known to us", "to our knowledge" 등으로 표현된다.

2. 검토(Investigation and Review)

인식한 범위에서의 의견과 밀접하게 관련된 개념으로서 의견서를 발행하는 의견서의 인식을 형성하는 기초로써 검토 범위가 전제 조건으로 사용된다. 사실의 조사에는 늘 한계가 있기 마련이고, 사실관계는 각 거래마다 다르므로 이 전제 조건은 유용한 제한 요소로 작용한다.

아래 예시된 다음과 같은 표현을 쓴다. 주로 사실관계를 확인하기 위한 별도의 조사를 수행하지 않았다는 취지이다.

> **Example**
>
> We have not undertaken any independent[413] investigation or inquiry[414] to determine the accuracy of any statement, including any review of court or government records, agreements or files, litigation indices or title records,

and we have not made an independent review of any contract or agreement that may have been executed or may now be binding upon Borrower, nor have we undertaken to review any files of Borrower relating to the transactions to which Borrower may be a party, or to discuss its transactions or business with any other lawyers in our firm or with any officers or partners of Borrower.

3. 계쟁물(Subject Matter)

어떤 의견은 특정한 법률 쟁점이나 계쟁물에 국한된다. 예를 들어 구조 금융(structured finance transactions)에서는 파산법 및 계쟁물에 관한 "non-consolidation" 의견이 필요하다.

Example

The opinion set forth in this letter is limited to federal bankruptcy law (without any consideration[415])s of a particular venue[416])), addresses the circumstances existing on the closing date for the Loan or the matters assumed herein, and we do not take responsibility for addressing, and have not taken into account, any events occurring after such date

4. 법률 관할(Legal Jurisdiction)

변호사들은 특정한 법에 관하여 변호사로서 자격이 있고, 그러한 법에 대한 의견을 제시한다. 따라서 복수의 관할이 연루되는 사건에 있어, 변호사가 의견을 제

---

413) 독립된, 별도의
414) 질문
415) 고려
416) 법정지

시하는 법의 범위를 제한하는 것이 중요해진다. 이를 위하여 다음과 같은 제한의 표현이 기재된다.

> **Example**
>
> The foregoing opinion applies only insofar as the laws of the State of California, the federal laws of the United States of America and the Delaware Limited Liability Company Act (excluding Delaware judicial decisions) may be concerned and we express no opinion with respect to any other laws.
> The foregoing phrase both specifies which laws are applicable - a positive statement - and also provides the negative statement that no other law is covered in the opinion.

5. 집행가능성(Enforceability)

집행가능성에 대한 전제조건은 집행 가능성의 의견을 제한하기 위하여 사용된다. 파산(bankruptcy), 지급불능(insolvency), 기타 계약상의 권리를 축소하거나 소멸할 수 있는 사유들이 나열된다. 집행가능성은 권리의 실체적 측면에만 국한되는 것이 아니라 절차적인 제한 등과도 관련이 있음을 유념하여야 한다.

> **Example**
>
> Enforcement may be limited or affected by the bankruptcy, insolvency, liquidation, reorganization or reconstruction of the Borrower pursuant to the Bankruptcy Act, the Compulsory Composition Act, the Corporate Reorganization Act or other laws generally affecting enforcement of creditors' rights.

6. 시간상의 제약(Timeframe)

사실관계나 법은 시간에 따라 끊임없이 변화하므로 특정한 시간을 기준으로 한 사실과 법률에 관한 의견임을 명시할 필요가 있다. 더불어 법이 개정되지 않는다면, 변호사가 수정된 의견을 제시할 필요가 없다는 점도 명시할 필요가 있다. 예시는 다음과 같다.

> **Example**
>
> The foregoing opinion is limited to the date hereof and does not cover future matters or events.
>
> We disavow any obligation to update this opinion or to advise you of any changes in our opinion in the event of changes in applicable laws or facts or if additional or newly discovered information is brought to our attention

7 제한(Limitations)

제한은 의견서 말미부에 몇 문장으로 기재한다. 의견서의 범위나 의견서를 신뢰할 수 있는 주체를 기재하거나 그 기재를 반복한다. 예시는 다음과 같다.

> **Example**
>
> This opinion is strictly limited to the matters addressed herein and is not to be read as an opinion with respect to any other matter. This opinion is addressed to the Finance Parties and is solely for its benefit and the benefit of its legal advisers and is not to be relied upon by any other person or for any other purpose.

미국에서 securitized loan과 관련하여 다음과 같은 표현도 사용된다.

Example

This letter is provided as a legal opinion and not as a guaranty or warranty. It is limited to the matters expressly set forth herein, and no opinion is implied[417] or may be inferred[418] beyond the opinions expressly so stated. This letter is rendered only to Lender, its successor[419]s and assign[420]s, and participants, and any nationally recognized rating agencies issuing a rating of any securities issued in connection with a securitization of the Loan, and is solely for their benefit in connection with the Loan, and may not be furnished, reproduced, distributed or disclosed to any other person without our prior written consent. Moreover, this opinion may not be relied upon by any other person or for any other purpose without our prior written consent.

위 예에서 알 수 있는 바와 같이 거래의 종류에 따라 제한의 문구는 매우 구체적이다. 복잡한 딜에서는 다양한 당사자들이 연루되고 의견을 신뢰할 수 있는 자의 범위도 시간에 따라 달라진다. 표현은 상이하더라도 의견을 신뢰하여 발행된 의견서와 관련하여 책임을 추궁할 수 있는 주체를 제한하는 것이 제한 문구의 목적임은 동일하다.

---

417) 내포된
418) 추론된
419) 승계인
420) 양수인

E-mail & Telephone Communication

I. E-mail Communication

1 유용성과 어려움

　이메일은 전통적인 레터에 비하여 덜 형식적인 소통의 수단이다. 그러나 업무에 있어서 매우 빈번하게 사용되고 있는데, 이메일이 소통의 수단으로 여러 장점을 지니고 있기 때문이다. 국제적 거래 시 물리적 거리에 영향을 받지 않으므로 시차와 상관없이 가능하고, 송신과 수신에 시간이 걸리지 않는다. 변호사 업무에는 다수의 당사자나 관련인들이 있는데, 이들 모두를 수신인 혹은 참고인으로 하여 한꺼번에 의사전달이 가능하기도 하다. 따라서 이메일 소통 역시 중요한 업무의 일환이므로 전통적인 레터의 방법을 사용하는 경우와 마찬가지로 격식과 professional한 태도를 잃지 않아야 한다.

　문제는 직접 이메일을 쓰기 위해 컴퓨터 앞에 앉았을 때이다. 영어 회화시간에 배웠던 일상적 표현을 써도 될 지부터 확신이 서지 않는다. 바로 이 때문에 일상적(colloquial) 회화는 법률 영어가 사용되는 업무상의 소통과 또 다른 언어임을 인식하게 된다. 이하에서는 업무상 이메일을 쓸 때 주의할 점과 빈번하게 사용되는 유용한 표현들을 소개한다.

2 주의할 사항

1. 제목쓰기

　사람마다 이메일의 제목을 다는 방법이 다양하다. 혹자는 보내는 사람의 이름을 쓰기도 하고, 더러는 본문의 메시지 일부를 적기도 한다. 이메일 쓰기도 소통의 한 방법이므로 당연히 상대방에 대한 배려가 중요하다. 메일을 읽는 사람은 업무상 많은 메일들을 읽는다. 수많은 메일 들 중에서 우선순위를 두어 메일을 열어보게 되는데, 이때 이메일의 제목이 주요 기준이 된다. 따라서 이메일의 제목은 업무 내용이나 이메일을 쓰는 취지가 가장 잘 표현될 수 있도록 쓰는 것이 좋다.

2. 호칭

호칭은 Dear [ ]로 시작한다. 그러나 메일 수신인을 잘 알고 있거나, 수신인 한 사람과 이미 여러 차례 메일을 교환하였을 때라면 이 표현을 생략하여도 좋다.

3. 내용

업무용 이메일은 사적인 소통과 구분되어야 한다. 따라서 정확하고, 간결하며 군더더기가 없어야 한다. 문법이나 문장부호에도 세심하게 신경을 써야 함은 물론이다. 이메일에 대문자 쓰기는 삼가야 한다. 상대방에게 마치 소리를 지르는 것과 같은 인상을 주기 때문이다. 강조를 하고 싶다면 에스테로이드 표시를 넣어 (가령, *urgent*와 같이) 긴급함을 표시하면 된다.

이하에서는 흔히 사용되는 소통의 내용을 일반적 소통 이외에도 크게 네 가지로 분류하였다. 1) 일반적 소통, 2) 서류의 송부 시에 사용되는 표현, 3) 협상, 4) 분쟁, 5) 고객과의 소통의 순서대로 소개한다.

3   일반적 소통

아래 내용들은 위 2) 내지 4)의 경우에도 두루 사용될 수 있는 표현들이다.

① 첫 번째 줄

- Dear Sirs/Sirs and Madams
- Ladies and Gentlemen
- To whom may be concerned

② 맺는 말

Best Regards,

Sincerely,

Sincerely yours,

Very truly yours,

③ 이전의 이메일이나 레터를 언급할 때

- Thank you for your e-mail/letter of 9 January about/on/concerning~
- I/We write with reference to your letter of 9 January.

④ 후속의 답신(follow-up correspondence)

- As follow up to our meeting on 9 January at my office, allow me to summarize what we discussed/agreed to~
- Further to our telephone conversation of 9 January~

⑤ 이전의 이메일이나 레터를 받았고 차후 답신하기로 하였음을 인정할 때

- I/We acknowledge receipt of your letter of 9 January to which I / we will provide a substantive response shortly.

⑥ 메시지의 주제를 언급할 때

- You informed me / us that~
- I / We note the points you raise with regard to[421]~

---

421) With regard to는 "~과 관련하여"의 의미이다. 동의어: in connection with, in regards as

⑦ 글을 쓰는 이유를 밝힐 때

- I / We am / are writing to~

⑧ 어떤 내용과의 관련성을 밝힐 때

- With regard/respect to~
- In connection with~

⑨ 어떤 우려를 표시할 때

- I/We have some reservation(concern) about~
- I/We remain unconvinced by your argument that~

⑩ 쟁점을 분명하게 하여 줄 것을 요청할 때

- I/We have a number of queries about~
- I/We should be grateful if you could clarify/provide further information about~

⑪ 확신을 가지고 있음을 나타낼 때

- Clearly/obviously/undoubtedly~

⑫ 좋은 소식을 알릴 때

- I/We am/are pleased to be able to~

⑬ 나쁜 소식을 알릴 때

- Unfortunately, I/we have to tell you ~

⑭ 어떠한 사항을 요청할 때

- I/We would appreciate it if you would/could/might~

⑮ 흔쾌히 어떤 요청에 응하여 줄 때

- I/We would be glad to~

⑯ 미래의 연락

- I look forward to your reply/to meeting you/to hearing from you.

⑰ 조언에 대한 감사의 표시

- I/We would like to take this opportunity to thank you for your assistance.

4 서류 송부시의 문언(Transmittal)

이 표현들은 고객 등에게 문서를 송부할 때 사용된다. 완성된 문서를 송부하기도 하지만 그 전단계의 초안(draft), 협상 단계에서의 comment, 실사의 첨부물(Schedule), 실사보고서 등을 보내기도 한다. 거래에서 배포되는 문서의 양이 워낙 방대하기 때문에, 이메일이나 커버 레터에 송부되는 서류에 대하여 정확히 필요한 메시지를 전달하는 것이 중요하다. 전송되는 문서나 comment를 정확하게 표현하여야 한다는 의미이다. 흔히 사용되는 표현들은 다음과 같다.

① 서류를 송부하게 된 배경을 설명할 때

- <u>As per your request</u>,[422] we are sending you <u>the attached</u>[423]
- Please find the following accompanying [initial/revised draft/final] document: (list)
- Further to our phone conversation of last Monday, I attached the~ which you requested.

---

422) ~의 요청에 의해서
423) 첨부물

② 초안문서에 코멘트할 고객의 권리를 유보할 때

- The attached documents are still subject to final review and comment from our clients and, <u>accordingly</u>,[424] they may be subject to further revisions.

③ 수정된 내용을 반영할 때

- The accompanying documents reflect all of the revisions we agreed to in our telephone conversation of 15 May.

④ 부분적인 comment를 반영할 때

- The revised agreement includes revisions made based upon comments from our client's CFO but we are still awaiting comments from~

⑤ 문서의 완성 버전과 수정된 내용을 보여주는 버전을 함께 보낼 때

- For your convenience, we are sending you clean versions of the revised documents, as well as redlined versions indicated changes made since the version of this document distributed to you on 7 May.

⑥ 서명을 위해 준비된 최종의 계약서를 보낼 때

- This is the final, execution version of the agreement.

⑦ 기술적인 어려움이 있을 수 있음을 미리 알려줄 때

- Please advise us if you have any difficulty opening any of the attached files.

⑧ Closing Checklist를 보낼 때

- Please review the accompanying closing checklist for~

---

[424] 따라서=as such, accordingly, therefore, thus

⑨ comment를 요청할 때

- Please advise us of any comments you may have.

⑩ 정해진 시간 내에 comment해 줄 것을 요청할 때

- Since we are closing in three days, we need to receive all final comments to the agreement from all parties by~

5 협상(Negotiation)

협상은 우호적일 때도 있고 대립적이기도 하다. 어떤 경우이건, 사용되는 언어의 톤은 유사하다.

① 입장을 기재하는 경우

- It is our client's position that~

② 청약을 하는 경우

- Our client has instructed us to put forward the following offer: [describe]
- Our client is prepared to settle this matter on the following terms: [list]

③ 청약을 수락하는 경우

- Our client is prepared to accept the offer set out in your letter of 9 January 2014.

④ 청약을 거절하는 경우

- Our client is unable to accept the offer you have made.
- The offer you have made is not acceptable: 보다 강한 거절

- Our client is unable to accept the offer that you have made in its current form. However, if you/your client were prepared to [insert counter-proposal] then he/she might be prepared to reconsider the matter.

⑤ 계약이 성립되었음을 확인할 때

- As we discussed on the telephone on 9 January, it is agreed that~
- We confirm that we have reached agreement concerning the question of~ between us on the following terms~

⑥ 일정한 제안을 할 때

- I/We would like to suggest/propose that~

⑦ 청약에 대하여 deadline을 설정할 때

- This offer will remain open until 29 April 2014, at 5:00 pm (local time in Seoul, Korea).

6 논쟁(Disputes)

협상, 실사, 딜의 종료 단계 그 어떤 단계에서도 논쟁은 있을 수 있다 논쟁을 시작하거나 이에 응수할 때는 소송 변호사(litigation attorney)로 하여금 이를 담당하게 하는 것이 가장 바람직하지만, 항상 이러한 도움을 받는다는 보장이 없으므로 논쟁에 임하는 방법을 거래를 수행하는 변호사가 숙지해 둘 필요가 있다. 요청, 부정, 반대의 주장 등의 서면의 소통을 요구할 수도 있고, 권리를 유보하거나 지급을 청구하는 등 사용되는 표현들은 매우 다양하다.

이러한 소통은 형식을 갖추어 서면으로 기재되는 경우가 많고 논쟁인 만큼 사용되는 표현이 공격적이다. 그럼에도 불구하고 professional한 어조를 유지하여 대화하여야 함은 물론이다.

구체적 표현들은 다음과 같다.425)

① 혐의를 반박할 때

- Your client's allegation that~ is entirely denied by our client
- Your claim that~ is false.

② 법률적 쟁점이나 사실에 대하여 반대하는 의사를 표시할 때

- I/We disagree with your analysis/statement to the effect that~:강한 반박
- I/We are unable to agree entirely with your analysis/statement to the effect that: 현재의 상황에서 임시적으로 반박할 경우

③ 상대방 변호사의 의견을 비판할 때

- With the greatest of respect, your statement that ~ is not credible: 풍자적인 어조
- We must point out that your statement is not supported by the facts~

④ 법률적 의견을 밝혀 두고자 할 때

- It is clear that the correct analysis of the facts/applicable law is~: 강한 어조
- The correct analysis of the facts/applicable law is: 현재의 상황에서 임시적으로 의견을 밝혀두는 경우

⑤ 일정한 날짜까지 의무를 이행하지 않은 경우 법적 조처를 취하겠다는 경고를 하는 경우

- Unless full payment is received by 14 January, we will commence legal proceedings: 강한 어조

---

425) See Rupert Haigh, 「Legal English」 (2012, Routledge) at 153.

- We have been instructed by our client to commence legal proceedings if payment in full of all amounts due and owing is not made by 14 January.
- We are prepared to commence legal proceedings if full payment is not received by 14 January.

⑥ 권리를 유보할 때

- Nothing contained herein should be considered a waiver of any of our rights. We reserve all of our rights, including the right to pursue all available claims, causes of action and remedies.

7 고객과의 소통(Client Communications)

① 고객의 요청이나 지시사항을 확인할 때

이메일을 쓰게 되는 것은 고객의 요청이나 지시가 있어서인 경우가 대부분이므로, 이러한 내용을 우선 먼저 기재해 문맥을 분명히 해 두는 것이 좋다. 이때에는 다음과 같은 표현을 쓴다.[426]

- During our meeting you told me that~
- You instructed me as follows~

② 수령된 정보에 기초한 면책(Disclaimer)

- Based upon the information our firm as received to-date, we~

③ 조언을 할 때

- My/Our advice concerning this matter is as follows~

---

[426] See Rupert Haigh, ibid, at 153

④ 일정한 조처를 취하였음을 밝힐 때

- I/We will now take the following steps~
- We must now take the following action~

⑤ 추가적인 정보를 요청할 때

- I/We would be grateful if you could provide us with the following information/documentation~

⑥ 입장을 분명히 밝혀줄 것을 요청할 때

- I/We require clarification of the following issues~
- I/We would like to hear a little more about the following issues~

⑦ 정보를 수령하였음을 인정할 때

- You requested information from me regarding~

⑧ 정보 요청에 대한 답신

- As per your request in your email of 9 January, we have conducted further research and found that~

⑨ 정보의 요청

- At this stage in the [negotiation/dispute/matter], it would be helpful if you would provide me with [describe needed documents/information].

⑩ 추가적인 도움을 주려고 할 때

- If I/We can be of any further assistance, please do not hesitate to contact me/us.

⑪ 마무리하는 말

- Please do not hesitate to contact me if you have any questions or require further information.

⑫ 고객에게 일정한 사항을 주지시킬 때

- I/we will keep you informed of the progress of [negotiations/the case/our research].

⑬ 모임/송부 이전에 고객이 반영한 내용을 알려 줄 것을 요청할 때

- Kindly let me know of any changes you may require prior to~

⑭ 추가적인 지원을 약속할 때

- I/We will be in touch again shortly.

⑮ 즉답을 요청할 때

- I/We would greatly appreciate it if you would give this matter your immediate attention.
- This matter is urgent. We should be grateful to hear from you no later than close of business on 22 May.

II. Telephone Communication

1 유의점

이메일 communication이 빈번한 것과 같은 이유로 전화로 업무를 수행하는 경우 또한 흔하다. 전화로 소통을 하는 경우는 대면해서 의사를 교환하는 경우와 비교할 때, 눈빛이나 표정과 같은 바디 랭귀지의 도움을 받을 수 없기 때문에 의사전달이 명확히 될 수 있도록 더욱 간결, 명확한 표현을 쓸 필요가 있다.

전화 대화는 기록이 될 수도 있으므로, 통화 중 비밀을 유지하여야 할 필요가 있는 내용 등이 누출되지 않도록 주의하여야 한다.

2 구체적 표현

상황에 따른 구체적 표현은 다음과 같다.[427]

① 자기 자신을 소개할 때

- This is Marie Smith.
- Marie Smith speaking.
- Marie Smith here.

② 누구를 바꿔달라고 할 때

- May I speak to ( )?

---

[427] See Rupert Haigh, ibid, at 237-239.

③ 누군가를 바꿔주기 위하여 연결할 때

- Hold on a minute, I'll put you through.
- Can you hold the line?
- Can you hold on a moment?
- I am just connecting you now.

④ 찾는 사람이 전화를 받을 수 없을 때

- I'm afraid ( ) is in a meeting at the moment/ is with a client/ is out of the office/ is not available at the(this) moment.

⑤ 찾는 사람이 통화 중일 때

- The line is busy.

⑥ 다른 사람을 바꿔달라고 할 때

- OK. Is ( ) there by any chance?
- I see. Perhaps I could speak to ( ) instead?
- Could I have extension ( ) instead?

⑦ 다른 사람을 연결하여 줄 것인지를 물어볼 때

- Would you like to speak to ( )? She/he also deals with these issues.
- I am sure ( ) could help you with this. Hold the line and I'll put you through.

⑧ 전화를 건 용건을 설명할 때

- I am calling about~
- I wanted to speak to ~ about ~
- It is about the ~
- I wanted to ask about ~
- I need some advice on ~

⑨ 메시지를 받아 둘 때

- Can I take a message?
- Would you like to leave a message?

⑩ 메시지를 남기고자 할 때

- Perhaps you could tell~ I called and ask him/her to call me back on (phone No.) I'll be in the office until ( ).
- Could you tell ~ that I called. I'll try him/her again tomorrow

⑪ 전화번호가 정확하게 기재되었는지를 확인할 때

- Perhaps[428] you could just read the number back to me?

⑫ 중요성을 강조할 때

- Please tell ( ) that this is an urgent matter and I need to hear from him/her.
- It is crucial that I hear from ( ) no later than ( ).

⑬ 답을 들어야 하는 일정한 시간을 설정할 때

- I need to hear from ( ) by ( ) because ~.

⑭ 전화를 끊을 때

- OK. Thank you for help. Bye.
- OK. Many thanks. Bye.

⑮ 자동응답기에 메시지를 남길 때

- 인사말: Hello, this is Marie Smith/ My name is Marie Smith
  Hi, David. Marie here. How are you?: 상대방을 잘 알고 있는 경우

---

428) Perhaps를 쓰는 이유

- 전화를 건 이유: It is 10 am on Monday 6 December. I am phoning (calling, ringing) to find out if ~/ to see if ~/ to let you know that ~/ to tell you that ~ I got the message you left for me. Thanks for calling. You asked about ( ). The answer is ( ).
- 리턴 콜을 요청: Could you call (ring, phone) me back?/ Would you mind calling me back?
- 전화번호를 남김: My number is ~/ You can reach/call me at ~
- 통화를 하기에 적당한 시간을 남길 경우: The best time to get hold of me is ~/ I'll be on the number until ~/ I'm in a meeting from 2 to pm but you can get hold of me before or after that.
- 맺는 말: Thanks a lot, bye/ I'll talk to you later, bye.

⑯ Conference Call

- 상대방이 누구인지를 확인할 때: Who is on the conference call from ( )?
- 대화의 주제를 적시할 때: Let's discuss the [closing checklist / section ( ) of the agreement / status of the funding].
- 회의를 다음으로 조정할 때: Can we re-schedule this conference call for a time that is better for ( )?
- 다음 회의에 참석할 수 있는지를 물을 때: Will you be available for our next scheduled conference call?
- 상황상 적합하지 않은 질문임을 지적할 때: That is not an appropriate question to ask with everyone that is on this call. Let's discuss it one-on-one later.

*자주 사용되는 라틴어, 불어 배경의 표현

- Ad hoc: 특정한 목적을 위하여 마련된
- Bona fide: 신의성실의
- De facto: 사실상의
- De jure: 정당한
- Et al: ~외 다른 사람들
- In situ: 원 위치에서, 제자리에서
- Inter alia: 무엇보다도
- Mutatis mutandis: 준용되어
- Pari passu: 동순위로
- Per annum: 매월
- Per capita: 일인당
- Per se: 그 자체
- Prima facie: 명백한
- Pro rata: 안분하는
- Re: ~과 관련하여
- Sic: 따라서
- sine: ~ 없이
- sine consideratione curiae: 법원의 판결에 의하지 않고
- sine damno: 손해없이
- sine die: 무기한으로
- sine qua non: 불가결한 조건
- Ultra vires: 권한 외의

* Glossary

- 가능성: possibility
- 각각: respectively
- 간이합병: short-form merger
- 간주되는: deemed, considered
    (~ 한 것으로) 간주되다: is deemed to
- 감사: audit
- 감소, 경감: abatement
- 개별적인: individual
- 개연적인: probable
- 개시 목록: disclosure schedule
- 거래: transaction
- 거주지: domicile
- 겸임이사: interlocking director
- 결과: consequence
    결과적인: consequential
    결과적 손해 또는 특정 손해: consequential damages, special damages
    간접손해: consequential damages
- 거주인: resident
- (~다수에 의한) 결의: resolution
- 경감하다: mitigate
- 경범죄: misdemeanor
- 경영판단의 법칙: business judgment rule

- 계류 중인: pending
- 계약: contract
    - 계약을 체결하다: enter into a contract
- 고의: scienter
- 공개매수: tender offer
- 공고: notice by publication
- 공매도: short sale
- 공모: public offering
    - 사모: private placement
- 공범자, 종범: socius criminis, accessory
- 공시하다: disclose
- 공시: disclosure
- 공정한: impartial
- 공제하다: deduct
- 공포: promulgation
- 교사 방조의: aided and abetted
- 과도기: transition
- 과도기적인: transitional
- 과실(過失): negligence
    - 경과실: slight negligence
    - 중과실: gross negligence
- 관련되는: relevant
- 관련법: relevant law
- 관련성: relevance
- (~)와 관련하여: in connection with, with respect to, in regards to(as)
- 관할: jurisdiction
- 교부: delivery
- 구속력: binding force

- 구속력 있는: binding
- 구제방법: remedy
- 구체적인: specific
- 권리: Right
    권리를 행사하다: Exercise(execute) the right
- 그러나: however
- 그러므로: Accordingly, as such, therefore, thus
- 그럼에도 불구하고: nevertheless
- 금반언: promissory estoppel
- 금지명령: injunction
- 금지하다: abstain/prohibit/refrain (목적어) from (동사)
- 금지된: barred, forbidden, prevented
- 기대이익의 손해: expected damage(s)
- 기부: donation

ㄴ

- 납기: due date
- 내부자: insider
    내부자거래: insider trading
- 누락하다: omit
- 누적: accumulation

ㄷ

- 다툼이 있는: contentious
    반) 다툼이 없는: non-contentious

- 당사자: party (to)
    - Cf) 이해관련인: persons interested
- 단기매매: short-swing
    - 단기매매차익: short-swing profits
- 단서: proviso
- 단주: fractional share
- (~을) 담당하는: in charge of ~
- 담보: the securities interest, pledge
    - 담보를 설정하다: create the securities interest
- 대가: consideration
- 대량보유자 등의 보고의무: 5% rule
- (~) 대신: instead of, in lieu of
- 대략: approximately, about
- 대리인: agent
    - 본인: principal
- 대차대조표: Balance sheet
- 대체하다: supersede
- 독립적인: independent
- 독점적인: exclusive
    - 반) non-exclusive
- 동기: motive
- 동시의: simultaneous, spontaneous
    - 동시이행: simultaneous performance
- 동의: consent
    - 사전 서면 동의: prior written consent

ㅁ

- 만기: maturity date
- 말미문언: testimonium clause
- 매년: annually
- 면책: indemnification, disclaimer
- 면허: license
- (구두에 의한) 명예훼손: slander
- 명예훼손, 비방: defamation
- 무과실책임: strict liability
- 무능력: incapacity
- 무담보사채: debenture
- 무보증사채: Straight bond
- 무상의: gratuitous
- 무형의 자산: intangible assets
- 무효인: void and null
- 무효화하다: annul
- 묵인: acquiescence
- 문외한: layperson

ㅂ

- 반박하다: rebut
- 발기인: promoter
- 발행하다: issue
- 발행인: issuer
- 발행시장: primary market
  유통시장: secondary market

- 발행주식총수: shares issued and outstanding
- 방어: defense
- 배당: dividend
- 법인격: legal entity
- 변경하다: modify, change
- 별첨: schedule, exhibit
- 본인: principal
- 본안: merit
- 부록: Annexes
- 부실표시: misrepresentation
- 부실채권: non-performing loan
- 분사: spin-off
- 주식배당: allotment(확인)
- 주식분할: stock split
- 법인격: corporate entity
- 법인격 부인의 법리: piercing the corporate veil theory
- 보증금: deposit, down payment
- 보통주: common stock
    우선주: preferred stock
- 부정적인: adverse, negative
- 불가항력: force majeure
- (~에도) 불구하고: notwithstanding (명사)
- 불명확한: ambiguous, obscure
- 비밀유지: confidentiality
    비밀유지협약: confidentiality agreement
- (소송) 비용: costs

ㅅ

- 사기: fraud
- 사기적인: fraudulent
- 사임하다: resign
- 사전의: prior, ex ante
- 사채: Bond
    - 사채를 발행하다: issue a bond
- 사후비판하다: second-guess
- 상계: set-off
- 상당한 주의의 항변: due-diligence defense
- 상업등기부 등본: copies of the commercial registry
- 상장: listing
- 상충관계: trade-off
- 상환, 환매: redemption
- 쌍무의: mutual, bilateral
    - 편무의: unilateral
- 선관주의의무: fiduciary duty
- 선서진술서: affidavit
- 소멸시효: statute of limitation
    - 시효로 소멸하다: statute of limitation is lapsed
- 소재지: situs
- 손실, 손해: detriment
- 소송: litigation
- 소유: ownership, title (to)
- 손익계산서: income statement
- 손해배상: damages
    - 손해배상을 청구하다: seek the damages
    - 간접손해: consequential damages

　　　　손해배상액의 예정: liquidated damages
　　　　징벌적 손해배상: punitive damages
　　　　전보손해배상: compensatory damages
- 수령인: recipient
- 수입: proceeds
- 승소하다: win the case
- 승인하다: recognize
- 시세조종행위: manipulation
- 신빙성: credibility
- 신속한: prompt
- 신주인수권: preemptive right
- 신주인수권부사채: bond with warrant
- 신청: petition
- 신청서: application
- 실사: due-diligence

ㅇ

- 액면가: par value
　　　액면미달발행: issuance below par
- 양도하다: transfer, assign
- 언급한 바와 같이: as aforesaid, as mentioned above
- 연금: annuity
- 연대채무: joint and several liability
- 영수증: receipt
- 예비의: preliminary
- 예측: prediction
- 예측정보: forward-looking statement, soft information

- 오도하다: mislead
- 오도하는: misleading
- 우발채무: contingent liability
- 우선매수청구권: the right of the first refusal
- 원고: plaintiff
    - 피고: defendant
- 원금: principal
    - 이자: interest (accrued to the principal)
- 원상회복: restitution
- (권한의) 위임: delegation
- 위임장: power of attorney
- 위험: risk
- 유효한: valid and binding
- 이의신청: objection
- 이사: director
    - 사외이사: outside director
    - 이사를 선임하다/ 해임하다/ 추천하다: appoint/ dismiss/ recommend a director
- 이사회: board of directors
- 이행하다: implement, perform
- 익명의: anonymous
- 인과관계: causation
- 인수인: underwriter
- 임시의, 일시적인: provisional, pro forma, temporary
- 인수인: underwriter
- 일응: seemingly
- 임시의: interim, provisional, temporary
- 입증책임: Burden of proof

- 의견: opinion

    (~에 대하여) 의견을 내리다: opine (on), deliver(render) an opinion
- 의결권대리행사: voting by proxy

    의결권대리행사 경쟁: proxy contest

    의결권대리행사 권유: proxy solicitation

    의결권대리행사 권유서: proxy statement
- 의도: intent
- 의무: Obligation

    의무를 이행하다: perform the obligation

ㅈ

- (법적) 자문: advice

    자문을 구하다: seek the advice
- 자의적인: arbitrary
- 제재: sanction
- 자기거래: self-dealing
- 자기주식: treasury stock
- 자문인: legal counsel
- 자본금: capital

    납입자본금: paid-in capital
- 자회사: subsidiary
- 장소: venue
- 재무: finance

    재무의, 재무적인: financial

    재무제표: financial statements

    연결재무제표: consolidated financial statements

- 재량: discretion
    - 재량으로: at one's discretion
- 재산: property
- 저당권: mortgage
- 적당한: proper
- 적법절차: due process of law
- 적용법: applicable law
- 전문가: expert
    - (~에) 전문화된, 특화된: expertized in
- 전문(전문)증거: hearsay evidence
- 전문투자자: sophisticated investor
    - cf) 일반투자자: retail investor
- 전환사채: convertible bond
- 점유: possession
- 정관: Articles of Incorporation
- 정당방위: self-defense
- 정확한: accurate, exact, precise
- 제공하다: furnish, provide
- 조건: condition
    - 선행조건: condition precedent (to)
- 조항: provision
- 주식매수선택권: stock-option
- 중요한: material
- 조합: societas, partnership
- 조항: covenant
- 주간사 은행: lead manager
- 주권: share certificate
- 주장하다: insist

- 주식: share, stock
  - 주식병합: stock split-down
  - 주식분할: stock split-up
- 주식배당: allotment(확인)
- 주식분할: stock split
- 주주: shareholder
  - 주주명부: shareholder list
  - 주주총회: shareholders' meeting
  - 주주총회소집통지: notice of the shareholders' meeting
  - 임시주주총회: special shareholders' meeting
  - 정기주주총회: general shareholders' meeting
  - 주주총회를 열다: hold(convene) the shareholders' meeting
- 주주대표소송: shareholder derivative suit
- 주주제안권: shareholder's proposal right
- 주주의 회계장부열람권: shareholder's inspection right
- 주주 이외의 이해관계인: stakeholder
- 준거법: governing law
- 중개인: broker, intermediary
- 중재하다: arbitrate
- 중재자: arbitrator
- 즉시: forthwith, immediately, without delay
- 증권: securities law
- 증거: evidence
  - 증거를 제출하다: produce evidence
- 증인: witness
  - 전문가증인: skilled witness
- 지급가능한: solvent
- 지분: equity

- 지역권: easement
- 지체하다: delay
- 진술 및 보장: representation and warranty
- 소송: lawsuit
    - 소를 제기하다: file(bring) a lawsuit
- 집합투자: collective investment

ㅊ

- 찬성과 반대: pro and con, pro et contra, for and against
- 참고하다, 언급하다, 인용하다: refer to
- 채권: claim
- 채권자: creditor
- 채무: debt
- 채무불이행: default
    - 지연이자: default interest
- 채무자: debtor, obligor
- 책임: liability
- 처분: disposal
- 처분하다: dispose
- 청약: offer
    - 승낙: acceptance
- 청약의 권유: solicitation
- 초안: draft
- 최선을 다하다: exert(make, use) one's best effort
- 추론: inference
- 취소하다: revoke
- 침해하다: infringe

ㅌ

- 통지: notice
    통지하다: notify
- 퇴직금: Severance payment
- 투자설명서: offering circular, prospectus

ㅍ

- 판시하다: hold
    판시: holding
- 파산: bankruptcy
    파산신청: bankruptcy petition
- 패소하다: lose the case
- 포기, 유기: abandonment
- 포함하여: including
    A를 포함하나 그에 국한되지 않고: including without limitation to A/ Including but not limited to A
- 피고인: the accused, the defendant
    * 문맥에 따라 피의자로 사용되기도 한다.
- 피의자: the suspect

ㅎ

- 합리적인: reasonable
- 항고인: appellant
- 항고하다: appeal
- 항변: defense

- 합병, 혼동: merger
- 항변: argument
- 해석: interpretation, construction
- 허위의: simulated
- 회계: accounting
    - 회계사: accountant
- 회람하다: circulate
- 회사: corporation
    - 회사의: corporate

참고문헌

석광현, "한국기업의 해외사채 발행의 실무와 법적인 문제점", 「국제거래법연구」(국제거래법학회, 1997).

천경훈, "한국 M&A의 특성과 그 법적 시사점에 관한 시론", 「선진상사법률연구」(법무부, 2011. 10)

최병선, "해외사채발행 실무해설", 「BFL」(서울대학교 금융법센터, 2004)

한 민, "신디케이티드 대출에 대한 법적 검토", 「법학논집」(이화여자대학교 법학연구소, 2012)

허영만, "M&A계약과 진술보장 조항", 「BFL」제20호,(서울대학교 금융법센터, 2006년)

증권예탁결제원, 『해외증권업무안내』(2007)

한국수출입은행, 「영문국제계약해설」(신신문화인쇄주식회사, 2006)

허항진, 우리나라 기업의 해외증권 발행 및 상장(세창 출판사, 2009)

Rupert Haigh, 「Legal English」(2012, Routledge)

최민용
- 서울대 법학과, The School of Law, UCLA, LL.M, The spontaneous and simultaneous court interpretation course at UCLA(extension)
- 변호사(M&A and Corporate Finance)
- 경북대학교 법학전문대학원 교수(상법)

〈저서 "헤지펀드", 유로출판사 2009〉

Troy C. Fuhriman
- Brigham Young University, JD/MBA Joint Degree
- Washington, Nevada, New York주 변호사(commercial mortgage and esoteric securitization, commercial and corporate finance transactions, real property and securities law), 사내변호사(a technology R&D company, Deutsche Bank in New York).
- 경북대학교 법학전문대학원 교수(영미법)

법률영어 길잡이
-Legal English Guide-

2024年 01月 10日   初1版 印刷
2024年 01月 22日   初1版 發行

著　者　　최민용・Troy C. Fuhriman
發 行 人　　金 正 元
發 行 處　　도서출판 유 로
　　　　　서울특별시 강북구 도봉로34길 62
　　　　　電話 948-5824 팩스 959-9994
　　　　　登錄 2006. 9. 14. 제310-2006-00022호

破本은 바꿔드립니다. 本書의 無斷複製行爲를 禁합니다.

定　價 29,000원
ISBN 978-89-93796-59-9   13360